세계 각국 문화와
한류열풍

차종환 박사 엮음

 도서 출판 **예가**

preface
아시아를 넘어 세계로 뻗어가는 한류

한국의 물결(한류)이 이웃 일본, 중국을 지나 아시아를 넘어 세계적으로 바람을 일으키고 있다. TV, 노래, 한식, 태권도 등의 대중화 확산으로 시작된 한류는 이제 경제적 파급효과는 물론 한국의 브랜드 가치를 높이며 전세계인의 마음을 사로잡고 있다. 한류는 이제 한국을 대표하는 아이콘이 되었다 해도 과언은 아니다. 한국문화의 르네상스 시대가 열리고 있다.

그런데 한류가 또 다른 희망의 메시지로 확산되는 곳이 있다. 바로 분단 70여년의 장벽이 쌓인 북한이다. 북한에서의 한류현상은 북한 주민들에게 외부세계를 보는 또 다른 창이 되고 있다. 북한 주민들은 남한 영화나 드라마, 대중가요를 통해 남한을 새롭게 인식하고 간접적이나마 자유의 가치를 경험하게 된다. 남한 영상매체의 유입은 북한 주민들의 의식변화를 추동하며 더 나아가 영상매체의 유통과정에서 새로운 사회상이 형성되고 있다고 한다.

한류가 북한내 장벽과 역풍으로의 한계를 넘어 통일을 향한 순풍으로 불어준다는 것이다. 한류가 북한 내 통제라는 장벽에 부딪치면서도 주춤하다 퍼지다를 반복하는 한류 현상 속에는 남한 영상물의 공유 뿐 아니라 '재밌다'는 소감 공유가 그 동력이 되고 있다. 물론 재미라는 흥미요소도 무시할 수 없다. 그 자체가 남한, 그리고 남한 사람에 대한 호감도 상승을 의미하기도 한다는 점 때문이다. 하지만 한류가 북한 내에서 통일을 향한 순풍으로 힘을 발휘하기 위해서는 재밌다는 소감 공유의 동력 외에 무언가가 더 필요하리가 본다.

의도했던 의도하지 않았던 간에 우리의 대중문화가 담고 있는 남한의 체제와 사람들에 대한 망라가 북한 주민들에게 남한에 대한 인식의 틀을 재구성해 나가고 있다는 것이다. 이는 결코 간과할 수 없는 분단 구조의 재편성 과정이라고도 할 수 있다. 그 과정이 현재로서는 미미해 보일지라도 남북한 통합을 향한 수없는 역풍을 딛고 거센 순풍이 되어 돌아와 주길 기대해 본다.

우리는 지금의 위상에 자만하지 말아야 한다. 아직 샴페인을 터트릴 때가 아니다. 좀더 가야 할 길이 있다. 인류 선진 국가가 되어야 한다. 물질만이 아니고 우리의 아름다운 전통과 사상, 예술을 잘 보존하고 발전시켜 문화적으로도 일류 국가의 반열에 올라서야 할 것이다. 모두 합심해서 한 단계 더 국가 위상을 높임으로써 명실공히 세계를 선도하는 자랑스러운 국가가 되어야 할 것이다.

대중문화 한류에서 전통문화 한류, 스포츠 한류, 관광 한류, 음식 한류, 콘텐츠 한류 등을 모두 발전시켜 보다 전망이 보이는 한류를 만들어야 할 것 같다. 우리가 인식하지 못하는 사이에 북한 뿐 아니라 한류가 세계 각국에 흘러들어 가며 주변국이던 한국이 중심부를 차지하고 있다. 이런 한류의 넘치는 모습을 보기 위해 여러 곳에서 자료를 모아 본서를 편집하게 되었다. 본서의 「한류의 영향」에서 한류의 총론을 다루고 속편에 아주, 미주, 유럽, 중동, 아프리카 지역 별로 나누어 각 지역내에 대표적인 나라를 선정하여 각 나라의 간단한 개요, 한류 현황, 일반정보와 문화를 다루었다. 내용의 대부분은 한국 국제교류재단과 외교부 자료를 인용했으며 자료를 주신 당국에 감사드린다.

본서의 미흡한 점이나 나날이 달라지는 한류 확장의 모습은 판을 거듭하면서 보충하고저 한다. 본서를 편집하는데 협조하여 주신 한미교육연구원 임원들과 이종희 님께 고마움을 표하고저 한다.

2016년
차종환

CONTENTS

PART 01
한류의 확산

1. 한류의 세계화 현황

한류의 확산은 문화적인 영향력 확대뿐만 아니라 정치, 경제적인 측면에서 보다 중요한 의미를 지닌다. 소프트파워의 핵심에 문화가 자리잡고 있고, 국가브랜드 형성에도 긍정적인 영향을 미친다. 한류의 경제적 파급효과가 12조 5,599억 원이라는 조사결과가 발표된 바 있으며, 문화상품 수출은 소비재 수출을 견인하는 무역창출 효과가 높아 문화상품 수출이 100달러 증가할 때 소비재 수출은 412달러 증가한다는 연구결과도 나왔다.

이런 한류는 계속 확산되어 가고 있다. 2015년의 한류는 K-Pop 강세 유지와 한식의 선전으로 나아가고 있다. 반한 감정이 확대된 일본 내에서 K-Pop의 경쟁력을 여전히 확인할 수 있었고, 세계 최대의 콘텐츠 생산국이자 소비국인 미국에서도 K-Pop에 대한 관심이 뜨거웠다. 중남미 지역 역시 작년과 마찬가지로 K-Pop을 중심으로 한 한류커뮤니티(동호회)들의 활발한 활동이 계속 이어졌으며, 유럽, 아프리카에서는 K-Pop에 대한 언론의 관심이 이제 한류에 대한 다양한 분석 기사로 이어지고 있음을 확인할 수 있다.

K-Pop을 제외한 2015년 또 하나의 강력한 한류 콘텐츠는 '한식'이다. 대만에서의 한식에 대한 높은 인기는 한국 프랜차이즈 업계의 대만 진출을 활발하게 만들었다. 유럽과 아프리카 지역에서도 한식에 높은 만족도를 보이며 자국민들이 쉽게 따라 할 수 있는 한식의 레시피를 소개하는 등 한류콘텐츠의 인기가 한식과 함께 성장하고 있는 모습을 보여주었다.

2015년 해외 한류 커뮤니티(동호회)는 86개국, 1,493개, 동호회원 수

총 3,559만 명으로 조사되어, 전년도 79개국 1,229개, 총 2,182만 명보다 1,370만명 이상 증가한 것으로 나타났다.

한국 국제교류재단(KF)에서 집계한 결과는 아래표에서 볼 수 있다.

	동호회(개)		증가	동호인(명)		증가
	2014	2015		2014	2015	
아시아·대양주	267	310	43	17,674,090	26,213,832	8,539,742
아메리카	715	804	89	2,676,962	7,581,117	4,904,155
유럽	182	306	124	1,363,037	1,625,271	262,234
아프리카·중동	65	73	8	108,313	170,341	62,028
계	1,229	1,493	264	21,822,402	35,590,561	13,768,159

자료 : 한국국제교류재단(Korea Foundation) 「지구촌 한류 현황」 2014~2015

코리아 힙합을 통칭하는 킵합은 미국의 재미동포 래퍼들 사이에서 굳어진 새로운 신조어이다.

2015년 신한류로 부각된 콘텐츠는 '웹드라마'와 '킵합(Khip-hop : Korean-hiphop)' 이었다. 웹드라마의 국내 이용이 급증하고 있는 가운데 〈드림나이트〉, 〈후유증〉이 중국 시장에서 인기몰이를 하였으며, 이제는 웹드라마의 공동제작, 웹드라마의 한류스타 캐스팅 소식이 TV드라마 소식보다 빈번하게 들릴 정도이다. 웹드라마의 선전은 중국 시장뿐 아니라 일본, 동남아, 미국에서도 나타나고 있으며 팬들의 콘텐츠 소비 매체가 TV에서 인터넷, 모바일로 진화하고 있어 웹드라마의 시장 점유율은 계속해서 높아질 전망이다. 웹드라마는 저렴한 비용으로 다양한 소재와 형식, 내용 등을 활용할 수 있어 기존에 볼 수 없었던 다양하고 새로운 소재의 콘텐츠를 기대할 수 있어 기업들의 투자가 늘어나고 있다. 한류라는 단어를 만들어 낸 한국의 드라마가 '웹'이라는 새로운 매체와 결합하여 다양한 소재와 방식으로 명실공히 세계 드라마 콘텐츠 시장의 선도 주자가 될 것을 기대해 본다.

웹드라마와 같이 폭발적 가능성을 확인할 수 있었던 새로운 한류 콘텐트는 '킵합(Khip-hop)'이라 명명된 한국형 힙합이었다. 힙합은 원래 자메이카 등 서인도 제국의 일부 나라에서 시작된 음악이었지만, 미국에서 커다란 성공을 거둔 20세기의 팝 장르이다. 미국식 힙합은 정치적 내용을 강하게 띠면서 대중들에게 호응을 받았으나, 한국에 유입되어서는 다소 소프트하게 변형되었다. 많은 래퍼들이 한국형 힙합의 새로운 변형을 추구하는 등 킵합은 세계적으로 인기몰이를 하는 새로운 한류콘텐츠로 발전하고 있다. 킵합의 등장은 K-Pop에 식상해진 유럽의 많은 한류 팬들에게도 한류에 새롭게 몰입할 수 있는 기회를 제공하고 있으며 특히, '지드래곤', '지코' 그리고 '랩몬'이 이끄는 킵합 공연은 K-Pop 공연과 같이 연속적으로 만원사례를 기록하고 있으므로 여러 각도의 새로운 장르로 다양화되기를 기원해 본다.

2. 한류 이야기

필자가 70년대 초에 미국에 상륙했을 때 만나는 사람마다 "너는 일본에서 왔느냐?" 아니면 "중국에서 왔느냐"고 물었다. 한국은 어느 대륙에 속해있는지 조차 알지 못하고 있었다. 하지만 지금은 모두가 잘 알고 있다. 70년대만 해도 우리나라는 지난 역사 동안 세계에서 그다지 주목받던 국가는 아니었다. 우리와 바로 붙어 있는 중국이나 일본에

비하면 한국은 항상 주변 국가처럼 인식되었다. 그래서 서양에서 동북아시아에 대해 관심을 가질 때에도 우리나라는 제쳐두고 중국이나 일본으로 그냥 건너뛰는 징검다리 신세였다. 최근 들어 우리나라 경제가 비약적으로 발전해 해외에 조금 알려지게 되었지만 여전히 한국은 국제사회에서 맹점처럼 되어 있다.

나라가 제대로 알려져 있지 않으니 우리 문화가 외국에 알려지는 일은 거의 없었다. 알려지지도 않았으니 인기를 끈다는 것은 생각할 수도 없는 일이었다. 그러다 20세기 말 한국에 큰 사건이 터졌다. 우리 문화가 단군 이래 처음으로 전 세계적으로 엄청난 인기를 끌게 된 것이다. 바로 노래와 춤, 그리고 드라마가 중심이 된 한류이다. 이 한류의 폭발적인 인기는 이전에 발생한 적이 없는 새로운 사건이다.

한류의 속성은 간단하다. 노래와 춤, 그리고 드라마로 구성된 연예 산업이다. 한국이 이러한 분야에서 어떻게 두각을 나타낼 수 있었을까? 한국인들이 가장 잘하는 것 가운데 하나가 음주가무라는 것은 예로부터 정평이 나있다. 한국인들은 한 번 놀면 신들린 듯이 질펀하게 놀았다. 그래서 옛 중국인들은 한국인들을 보고 고무진신(庫務盡神), 즉 '두드리고 춤추고 신명을 다하다'고 표현했다. 한국인들의 이러한 가무사랑 정신의 뿌리는 사실 무당에 있다.

가무와 관계된 우리나라의 민속문화는 그 뿌리를 캐다 보면 거의 굿판으로 귀결된다. 여기서는 이런 한국인들의 드높은 놀이정신이 금세기에 일어난 한류현상과 어떻게 관계되는지 살펴보자.

일본 공영방송인 NHK의 한글강좌 "안녕하십니까" 교재가 한류바람 이전에는 수 천부도 팔리지 않았으나 한류 인기가 고조되자 20만부 이상이 팔렸다고 한다. 영화와 드라마에서 시작된 한류가 각종 컴퓨터

게임, 패션, 디자인, 음식, 관광, 전통음악, 미술 및 K-Pop과 뮤지컬 등으로 확대되고 있다.

한국에 오는 관광객의 80%가 한류에 영향을 받아서 한국을 찾게 되었다는 보도가 있는 등, 한류의 부가가치는 국부 창출에 큰 몫을 차지하고 있다.

지정학 적으로 가까운 중국과 일본은 우리와 같은 유교 문화권으로 문화의 접근성을 갖추고 있다. 대장금과 겨울연가가 중국과 일본에서 급속도로 성황을 이루었던 것은 유교문화권이라는 접근성이 크게 작용하였다고 본다. 문화가 유사함은 기쁠 때 같이 웃고, 슬플 때 함께 눈물을 흘리는 등, 정서적 느낌을 공유한다는 의미다.

또한 미국과는 민주주의와 시장경제라는 공통성을 공유하고 있다. 한·미 군사동맹은 군사적 교류의 협력 외에도 정치, 경제, 문화 등 비군사적 교류를 지난 60년 간 지속 하였다. 더욱이 한·미 FTA 체결은 더 많은 경제와 문화교류를 통하여 기존의 한·미 군사동맹을 한 차원 높게 강화시킬 것이다.

오늘날 고도의 지식 및 정보화라는 무한경제시대에 한국인들의 수준 높은 창의력은 선진 한국의 소프트웨어 분야에서 결정적으로 적용할 것이며, 인도의 시성 타고르의 "그 등불 다시 한 번 켜지는 날에 너는 동방의 밝은 빛이 될지니라"는 예언을 구현하게 힐 것이다. 한류는 국제사회에서 한국의 소프트 파워를 상징한다.

3. 한류(韓流)원조와 바둑

'복고열풍' 최근 한국 문화가의 키워드는 이 네 글자로 정의될 수 있다고
한다. 쎄시봉이란 영화가 개봉되면서 60~70년대 통기타 가수, 청년문화
가 새삼 주목 받으면서 덩달아 50~60년대에 대한 관심도 높아지고 있다.
6 · 25를 다루고 월남전과 서독광부의 이야기도 나온다. '국제시장'이란
영화에 1,000만이 훨씬 넘는 관객이 몰려든 것은 복고열풍이 한순간의 유
행이 아닌 하나의 사회 현상으로 발전된 느낌이다.

'조훈현과 조치훈'은 한국이 낳은 현대 바둑의 두 거장이다. 한국 바둑
70년을 상징하는 인물로 이 두 거장이 뽑혔을 정도로 명성이 대단하다.
이 둘의 열네 번째 공식대국이 벌어진 것은 국내외 큰 화제를 불러 모을
일대 사건이었다. 일찍부터 신동으로 알려진 이 둘은 60년대 초 거의 같
은 시기에 일본유학을 떠난다.

당시 일본은 말 그대로 현대바둑의 종주국으로 모든게 열악했던 한국에
비해 프로기사의 실력차이는 엄청났다. 그런 상황에서도 한국에서 온 두
신동에 대한 기대와 관심이 높았던 것이다. 이 둘의 여정은 1970년을 기
점으로 크게 갈린다. 조훈현은 군복무를 위해 귀국해야 했으나 조치훈에
게는 운이 따랐다. 바둑에 대한 인식이 달라지면서 병무면제혜택이 주어
진 것이다. 그리고 10년, 기대대로 조훈현은 한국바둑을 석권하고 같은
해 조치훈은 일본의 명인위에 오른다. 그 승리에 대한민국이 환호했는데
조치훈 개인의 승리라기 보다 일본에 대한 한국의 승리로 받아들여지면
서 조치훈에게 훈장까지 수여됐다.

그리고 서둘러 마련 된 자리가 조훈현과의 기념대국이었다. 두 천재의 공
식적인 만남은 두 차례 대국에서 조훈현은 모두 패배하여 깊은 내상을 입

는다. 조훈현은 깊은 숨고르기로 들어간다.

1998년, 이 두 천재의 여정은 또 다른 갈림길을 맞는다. 1인자였던 조치훈은 마침 열린 최초의 세계 바둑대회 응창기배에 출전하지만 중도탈락 하고 만다. 그러나 조훈현은 세계의 강호들을 모조리 격파, 마침내 명실상부한 세계바둑의 제왕으로 떠오른다. 그렇다고 조치훈이 그대로 주저앉은 것이 아니다. 또 다시 집념을 불태우면서 90년대에 기성 등 3대 타이틀을 잇달아 석권하는 등 대기록을 세운다.

90년대에 들어 세계바둑계에는 1급 경계령 즉, '공한증(恐韓症)'이 내려진다. 변방에 있던 한국바둑이 중원을 장악, 그 위세에 일본과 중국은 숨죽여 지낼 수 밖에 없게 된 것이다.

조치훈으로 바둑에 대한 관심이 폭발되고 조훈현으로 한국바둑은 세계를 정복했다. 이 둘이 한국바둑을 세계화를 이끈 것이다. 이런 점에서 이 둘은 한류(韓流)의 원조인 셈이다. 이제는 백발이 된 이 둘이 또 다시 만나며 한국바둑 70년을 기리는 대국을 가진 것이다.

그 만남을 어떻게 보아야 하나. 단순한 바둑대국을 넘어 문화사적 의미를 지니고 있다면 지나친 말일까.

한국일보에서

4. 한류에 대한 시작과 확산

한류를 통해 한국을 알게되고 한국 문화에 공감하는 세계인이 날로 증가 되고 있다. 지금은 한류가 확실한 대세로 자리를 잡았지만, 이 한류라는 커다란 움직임이 처음으로 생겨나던 2000년대 전후로는 이렇지 않았다. 당시의 대체적인 분위기는 한류가 '저러다 말겠지'라는 것이었으나 예상은 보기 좋게 빗나갔다. 빗나가도 조금 빗나간 게 아니라 완전히 빗나갔다. 지금 한류는 하나의 중심 경향으로 전 세계를 누비고 있기 때문이다. 사정이 이러하니 이제는 한류에 대해 시비를 거는 사람이 전보다 훨씬 적어졌다. 그래서 정부에서도 한류 움직임에 대해 전적으로, 그리고 체계적으로 지원하기 시작했다.

한류는 대체로 '욘사마'가 등장하는 「겨울연가」를 말하는 경우가 많은데 이것은 사실이 아니다. 「겨울연가」가 일본 사회에 미친 영향력이 워낙 커 그렇게 보이는 것이지, 한류의 원조라고 보기는 힘들며 한류는 그 이전부터 시작되었다.

한류의 시작은 1997년 중국에서 방영되어 당시 1억 5천만 명이 시청했다는 「사랑이 뭐길래」라는 드라마로 잡는다. 즉 1997년 중국에서 드라마 「사랑이 뭐길래」가 처음 방영되고 1999년 북경의 《청년보》라는 잡지에서 처음으로 '한류'라는 용어를 사용한 이래 '한류'는 한국문화를 외국에 전파하는 대명사가 되었다. 한류 1.0시대는 1995년부터 2005년 사이이다. 물론 ㄱ 이전에도 '클론'이 내만 등지에서 인기를 많이 끌었지만 하나의 추세(트랜드)를 형성했다고 보기에는 부족했다는 게 학계의 평가이다. 그러나 「사랑이 뭐길래」의 인기는 달랐다. 시청 인원이 가볍게 1억 명을 넘으니 그 기운이 달라진 것이었다. 그래서 이 드라마를 한류의 시발로 삼는 견해가 많다.

이 드라마가 성공한 뒤 중국에서는 그 뒤로 많은 드라마가 연달아 인기를 끌었고 HOT 같은 한국 가수들이 선풍적인 인기를 끌었다. 뿐만 아니라 한류는 중국을 넘어 서서히 동남아시아 국가로도 확산되었다. 그 당시 우리 한류는 대체로 중국과 동남아시아 등지에서만 인기를 끌 것이라고 예측했지만 이런 생각을 뒤집고 한류의 상승에 불을 지피게 한 드라마가 바로 「겨울연가」였다.

이 드라마는 여러모로 다양한 기록이 있다. 드라마가 가져온 이른바 '욘사마 신드롬'은 한국의 연예인이 난공불락으로 여겼던 일본과 같은 선진국에서도 큰 인기를 얻을 수 있다는 것을 처음으로 보여준 큰 사건 이었다. 그때까지 우리 한국인들은 항상 선진국의 대중문화나 그 나라 의 연예인을 동경하며 살았는데 그 현상이 역으로 터진 것이다. 또 그 때까지 한국인들은 모든 면에서 일본을 항상 몇 수 위로 생각했기 때문 에 자국의 연예인이 일본에서 그토록 엄청난 인기를 끌 것이라고는 생 각지도 못했던 것이다.

그 후 「대장금」과 「주몽」이라는 드라마도 마찬가지였다. 한국인들도 이 드라마를 열렬히 시청했지만 전 세계적으로 이렇게 큰 반향을 얻으 리라고는 생각지 못했다. 특히 중동이나 아프리카, 남미 등지에서 선풍 적인 인기를 끌 것이라고 예측했던 한국인은 별로 없었다. 예를 들어 이란에서는 「대장금」의 시청률이 90%였다고 하니 그 인기가 얼마나 대단했는지 짐작할 수 있다. 이 드라마가 방영되었던 국가가 약 60개 국이라고 하니 전 세계적으로 얼마나 많은 관심을 받았는지 알 수 있 다. 그래서 당시에 한국 배우 중 세계에서 가장 유명한 배우는 「대장 금」의 주인공인 이영애였을 것이다.

그런데 〈대장금〉을 방영한 국가들은 대부분 제3세계였다. 〈대장금〉 신드롬에서 한국인들이 아쉬워했던 점은, 이런 한국 드라마가 일차 한 류로 지금 지구 문명을 이끌고 있는 서양에서는 먹히지 않는다는 것이 었다. 여전히 서양은 우리가 함부로 넘볼 수 없는 세계처럼 보였던 것 이다.

그러나 서양도 드디어 우리 연예인들에게 넘어오기 시작했는데 서양을 공략한 것은 배우가 아니라 가수들이었다. 2009년에 들어서는 아이돌 그룹이 중심이 되어 이른바 K-Pop이 아시아권에서 선풍적인 인기를 끌다가 2011년 마침내 파리 공연을 계기로 유럽에까지 진출하는 2차 한류시대를 구가하였다. 국내의 유명 기획사에서 어렸을 때부터 엄청난 훈련을 받은 아이돌 그룹들이 미국이나 유럽에서 드디어 큰 인기를 끌기 시작한 것이다. 그 출발점으로는 아무래도 여성 5인조 그룹인 '원더걸스'를 꼽아야 할 것 같다.

이것은 여성 그룹 '원더걸스'가 미국 대중음악을 대표하는 빌보드 차트에서 한국 가수로는 처음으로 100위 안에 들어갔기 때문이다. 이 사건을 기점으로 한국의 아이돌 그룹들은 서양 주류 사회로 스며들어가기 시작했다. 원더걸스는 정확하게 말해서 빌보드 차트의 100권 안에서 76위에 올라갔는데 아시아 가수로서 이 차트의 100위 안에 들어간 것은 30년 전에 일본 가수가 들어간 이후 처음이라고 한다.

당시에는 원더걸스의 기록이 대단하다고 생각해 이 기록이 곧 깨질 것이라고 예측하는 사람은 아무노 없었으나 원너걸스가 히트 진 몇 년 뒤 가수 싸이가 나와 이런 기록들을 모두 갈아치웠으며 싸이 때문에 그 전까지 한국 가수들이 이룬 기록들은 햇빛 앞의 반딧불이 되었다.

원더걸스 이후로 우리나라 연예인의 서양침공은 계속되었다. 아니 원더걸스 현상을 능가하는 사건이 계속 터졌다. 그 가운데 하나로 2011년 7월 SM엔터테이먼트 기획사 소속의 가수들이 유럽을 방문했을 때의 사건을 보자. 당시 이 기획사의 가수들은 파리에서 하루만 공연할 계획이었는데 이 소식을 들은 팬들이 전 유럽에서 몰려와 공항에 모여들어 공연을 하루 더 해달라고 요청한 것이 이 사건의 전모이다.

이 사건을 뉴스로 접한 한국의 기성세대들은 공항이나 공연장에 몰려든 백인 팬들 때문에 믿을 수가 없었다. 그때까지는 우리 가수들이 서양에서 공연하면 그곳에 사는 한국 동포 1세 및 2세나 유학생들만 오는 게 보통이었는데 그곳에 나온 팬들은 백인 일색이었던 것이다. 게다가 그들은 한국 국기인 태극기를 들고 나와 어눌한 한국어로 노래를 불러댔다. 그 전까지 우리 한국인들은 서양 가수들의 공연만 보고 환호해야 하는 줄만 알았는데 역 현상이 일어난 것이다.

이 소식을 들은 문화부장관이 화들짝 놀라 파리에 가서 그곳에 모인 백인 팬들의 이야기를 듣고 공연을 하루 연장하게끔 했다. 대중가수의 공연에 장관까지 관여했다는 것은 그만큼 당시의 사건이 가져온 파장이 컸다는 것을 뜻한다. 이와 비슷한 사건으로는 샤이니라는 그룹이 '애비 로드'라는 데에 녹음을 하러 갔다가 또 전 유럽에서 팬들이 몰려와 예정에 없던 약식 공연을 한 사건도 있었다. 이 애비 로드라는 곳은 비틀즈의 마지막 앨범 표지 사진의 배경으로 유명한 곳이다.

한국 가수들의 전 세계적인 활약은 그 뒤로도 계속되었지만 한국 가수의 노래가 범지구적인 현상이 되지는 못했다. 한류를 낮추기 좋아하는 사람들은 유럽의 젊은이들이 한국 노래를 좋아하는 것은 사실이지만 그것은 극소수에 불과하다고 애써 항변했다. 한마디로 말해 한국 대중가요는 여전히 변방에 있는 것에 불과하다는 것이었다. 그런데 이런 폄하적 발언을 한 방에 날린 것은 가수 싸이였다.

싸이의 노래와 춤은 전 세계 하나의 현상이 되었기 때문이다. 그의 '강남스타일'은 세계 대중문화계에서 유튜브 조회(2014년 2월. 19억 돌파)부터 해서 수많은 기록을 세웠다. 두 번째 노래인 '젠틀맨'도 유튜브 조회 건이 6억을 돌파하며 단숨에 빌보드 차트 2위에 올라갔던 것도 잊어서는 안 된다.

한 사람의 노래가 이렇게 지구 전역에서 열렬하게 불리고 수많은 사람들이 그 춤을 따라했던 것을 굳이 예를 찾자면 '마카레나' 춤 정도 일 것이다.

2012년에는 한류가 미국과 중남미 지역을 비롯한 세계 전역으로 퍼져나가 싸이의 '강남스타일'로 대변되는 3차 한류 시대를 맞이하게 되었다. 3차 한류는 대중문화뿐만 아니라 문학을 비롯한 순수문화예술, 국악을 비롯한 전통문화, 한식을 비롯한 생활문화 등 여러 방면으로 다양화되고 있다. 우리 문화가 이렇게 여러 나라에서 여러 장르에 걸쳐 인기를 누리는 것은 유사 이래 최대의 사건으로 우리문화를 수출하는 이 길을 '한류로드'라고도 부른다.

구분	한류1.0(1995~2005)	한류2.0(2006~2011)	한류3.0(2012~)
핵심장르	드라마	K-Pop	K-Culture
장르	드라마, 영화, 가요	K-Pop, 대중문화, 일부 문화예술	전통문화, 문화예술 대중문화
대상국가	아시아 국가	아시아, 일부유럽, 아프리카, 중동, 중남미, 미국 일부	전 세계
주된 소비자	소수의 마니아	20대 이하의 여성	세계 시민
주요 매체	케이블TV, 위성TV, 인터넷	유튜브, SNS	모든 매체

5. 한국을 보는 시각의 변화

"한국 대기업에 취직하고 싶습니다", "K-Pop 가수가 되는 것이 꿈입니다" 자신의 희망사항을 구김살 없이 표현하는 미국 청소년들이 늘어나고 있다. 그 주인공들은 다름 아닌 '제1회 한국어진흥재단 에세이 컨테스트'에서 수상한 타인종 청소년들이다. 이 컨테스트를 주관한 한국어진흥재단 문애리 이사장은 "수년 전만 해도 '한국문화를 잘 이해하고 싶어 한국어를 배운다'는 식의 두루뭉실한 대답이 많았다"며 하지만 요즘 초 · 중 · 고 공립학교에서 한국어를 배우고 있는 학생들은 한국어 습득에 대한 확실한 목표를 갖고 있다는 것이 큰 특징이라고 전했다.

경제적으로 삼성, 현대, 기아차 등 한국 대기업들의 우수제품이 미주 시장에서 히트상품으로 두각을 나타내는 한편 문화적으로는 K-Pop, K-드라마 등이 TV채널, 유튜브 등을 통해 부각되자 타인종 사회에서 한국을 바라보는 시각이 확연히 달라졌다는 것이다. 상황이 이렇자 미국 초 · 중 · 고 공립학교들도 한국어반 채택을 늘려가고 있는 추세로 타인종 수강 비율 또한 눈에 띄게 증가했다. 더불어 한국어진흥재단이 제작한 한국어 교재 '다이내믹 코리안(Dynamic Korean)'도 불티나게 팔리고 있다.

이런 추세와 관련해 문 이사장은 "한국 정부가 한글의 세계화를 위해 보다 현실화하려면 전략적 차원의 한국어반 개설이 시급하다"고 말했다.

예를 들어 캘리포니아 최고 명문학교로 올해 전국 공립학교 랭킹 19위를 차지한 사이프러스 소재 옥스포드 아카데미 등에 한국어반 개설을 정부 차원에서 적극 지원해야 한다고 주장했다. 왜냐하면 최고의 명문학교에서 한국어반이 운영되고 있다는 사실 하나만으로도 엄청난 상징성을 부여할 수 있다는 것이다.

AP한국어 추진위원장을 겸임하고 있는 문 이사장은 "같은 동아시아권인 중국어와 일본어가 AP제2외국어로 채택되어 있는 현실을 직시해야 한다"며 "한국 정부가 전시 행정적인 숫자 늘리기 놀음에서 벗어나 질적인 향상을 꾀해야 진정한 한글 세계화 보급이 이뤄질 것으로 기대된다"고 강조했다.

박상균 기자

6. 한국인의 신바람 기질

'알 수 없는 한국인', '대단한 한국인', '신기한 한국인'을 설명하려면 '88년 서울 올림픽 때 보여준 소매치기들의 결의를 볼 수 있다.

'88년 서울 올림픽은 한국이 처음 치르는 최대 규모의 국제적인 스포츠 행사였다. 많은 관광객들이 세계에서 몰려든 것은 물론 6 · 25전쟁을 극복한 평화의 메시지도 전달해야 했다. 그러나 서울올림픽 조직위가 은근히 걱정하고 있는 일이 하나 있었다. 바로 소매치기나. 올림픽 참가선수들이나 관광객들이 쇼핑을 하다 소매치기를 당해 돈을 잃어버린다면 '코리아'에 대한 인상이 좋을 리가 없다. 올림픽 조직위가 추진하고 있는 한국 알리기 운동에 먹칠을 할 가능성이 높았다. 그와 같은 조직위의 우려가 신문에 보도되자 상상을 초월하는 일이 일어났다.

소매치기들의 회의가 열린 것이다. 서울 소매치기 고참과 인천 소매치기단 고참들이 비밀리에 모여 '올림픽기간 동안에는 소매치기를 하지 말자'고 결의했다. 소매치기들의 이 각성 운동은 전국으로 번져 88서울올림픽이 열리는 동안 외국인에 대한 소매치기 사건이 한 건도 발생하지 않았다. 이것이 88서울올림픽 소매치기 휴전선언 해프닝으로 소매치기들이 '한다면 한다'를 보여준 셈이다.

로마에서 올림픽이 열린다면 소매치기들이 양심선언을 할까. 불가능한 이야기다. 한국에서만 가능한 사건이다. 외국인들의 눈에는 '알 수 없는 한국인', '신기한 한국인'으로 비쳐질 수 밖에 없으며 이를 보는 시각으로 한국인은 두 개의 얼굴을 갖고 있다고 한다.

"88서울올림픽 때 서울시민이 보여준 질서의식은 대단했다. 경기 관람객들이 쓰레기까지 다 담아서 가지고 나갔다." 외국 매스컴에 한국인을 칭찬하는 기사가 여러 건 실렸다. 올림픽이 끝난 몇개월 후 서울대공원에서 수만 명이 모인 대회가 있었다. 집회가 끝난 후 주최측에서 마이크로 쓰레기를 담아갈 것을 참석자들에게 사정했지만 들은 척도 하지 않았다는 것이다. 온통 쓰레기 천지였다. 얼마전 올림픽때의 '한국인'들이 아니라 딴 사람들이었다. 그 이유는 그날 행사에 참가한 높은 사람들에게 호화스런 특별석이 꾸며지는 등 눈에 거슬리는 것이 많았다. 그래서 시민들 기분이 상한 것이다.

그럼 어느 것이 한국인의 기질인가. 한국인은 칭찬해주면 신들리고 한번 신이 들리면 평소에 볼 수 없는 잠재능력을 발휘하는 기질을 지녔다는 것이다. 2002년 한국에서 월드컵이 열렸을 때 코리언인 우리도 깜짝 놀라는 일들이 많았다. 예상외의 축구 실력도 실력이지만 응원은 세계적 화제였다. 독일의 어느 스포츠지 기자는 월드컵 취재만 세 번 째인데 시민들의 질서의식이 이렇게 모범적인 것을 본 일이 없다며 유럽인들은 한국을 견학해야 한다고 극구 칭찬했다.

남들이 너무 칭찬하니까 '우리가 정말 그렇게 질서의식이 있는 민족인가' 싶어 좀 어색하게 느껴지기도 했지만 사회문제가 되고 있는 부정부패를 설명하기가 난감하다.

그러나 한 가지 분명한 것은 있다. 한국인은 한 번 신들리면 놀라운 잠재
능력을 발휘한다는 점이다. 폴란드에 이긴 것도, 미국과 비긴 것도 평소
에는 상상할 수 없었던 능력발휘로 한계에 도전하는 것을 보는 기분이다.
코리언의 재발견 - 이것이 이번 월드컵에서 한국국민이 얻은 가장 큰 소
득이다.

이철, 한국일보

7. 세계로 뻗어가는 한류

1945년 광복과 함께 문화예술은 척박한 땅에서 꽃을 피우기 시작했다.
서민의 한과 흥의 정서를 담아내며 대중의 사랑을 받았다. 분단과 6 ·
25전쟁, 근대화와 민주화 등 격동기를 거치며 시대를 비추는 거울이기
도 하고, 시대에 맞서 철퇴를 맞기도 했다. 한민족의 삶 속에서 70년을
담금질한 대중문화는 세계로 뻗어나가며 한류의 선봉장으로 자리 잡
았다. 르네상스를 맞이한 문화예술을 시대별로 되짚어 본다.

● 1945~1960년대 : 해방의 기쁨과 분단의 아픔을 담다
남인수의 '가거라 38선'과 현인의 '신라의 달밤'으로 광복의 기쁨을
노래했다. 1950년 6 · 25전쟁이 발발하자 현인의 '전우여 잘자라' 등
군중 가요가 널리 불렸다. 서민들은 1 · 4후퇴 때의 애틋한 일화가 담
긴 현인의 '굳세어라 금순아', 피란시절 기억을 노래한 남인수의 '이별
의 부산정거장', 전쟁 당시 어린 딸을 잃은 아픔을 담은 이해연의 '단

장의 미아리고개'로 애환을 달랬다. 4 · 19혁명과 5 · 16군사쿠데타로 시작된 1960년대는 가요를 중심으로 대중문화가 싹을 틔웠다. 초반에는 한명숙을 비롯해 최희준, 현미, 패티김 등 미8군 쇼 출신 가수들이 출현했다. 중반에는 '동백아가씨'가 히트를 치고, 키보이스 등 그룹사운드도 등장했다. 후반에는 번안 가요 붐이 불었으며 음악감상실 쎄시봉을 중심으로 트윈폴리오 등 포크음악이 대세였다.

60년대는 라디오의 대중화와 함께 TV시대이기도 했다. 61년 KBS, 64년 TBC, 69년 MBC TV가 잇달아 개국했다. TV드라마가 막이 오르며 단막극과 일일연속극이 방송됐으며 구봉서, 배삼룡, 서영춘 등 코미디언들이 힘들고 지친 사람들에게 웃음을 선사했다. 스크린에서는 문희, 윤정희, 남정임이 트로이카를 형성하고, 신성일과 엄앵란이 콤비를 이루며 청춘 영화의 붐을 이끌었다.

● **1970~1980년대 : 군사정권과 대중문화는 미디어의 발전과 같이 성장했다**
베트남전에 참전한 남진이 71년 복귀하면서 나훈아와 함께 전라도, 경상도를 대표하는 '빅라이벌'을 구축했다. 윤형주, 송창식, 양희은 등 포크 가수들의 전성시대가 열리면서 '청통맥(청바지 · 통기타 · 생맥주)'의 청년 문화가 꽃을 피웠다.

자유 분방한 청년문화는 대마초 파동에 휩쓸린 가수들의 방송 · 음반 활동 금지, 공연윤리 위원회의 대중가요 대량 금지 등의 규제로 이어졌다. 77년 시작된 MBC '대학가요제'와 '강변 가요제', '해변가요제' 등이 청년문화를 대신했으며 '가왕' 조용필의 탄생도 화제였다. '별들의 고향', '바보들의 행진', '영자의 전성시대' 등 청춘을 소재로 한 영화가 대거 나왔다.

'미워도 다시 한 번' 등 최루성 신파영화가 인기를 끌었으며 장미희, 정윤희, 유지인은 70년대 트로이카를 형성했다. 신상옥 감독과 배우 최은희가 78년 홍콩에서 납북돼 대북관계에 큰 파장을 일으키기도 했고 TV 드라마는 '아씨', '여로' 등이 히트를 쳤는데 드라마가 방송될 때면 거리가 한산했을 정도였다.

81년 실시된 컬러 방송은 TV의 전성시대를 열었다. 드라마 '달동네', '사랑과 야망', '사랑이 꽃피는 나무', '한지붕 세가족' 등이 높은 시청률을 기록했다. 83년 KBS '이산가족 찾기'는 안방극장을 눈물바다로 만들었고, 패티김의 '누가 이 사람을 아시나요'와 설운도의 '잃어버린 30년'이 히트했다. 87년 베니스영화제에서는 강수연이 '씨받이'로 여우주연상을 받아 영화 한류의 길을 열었다.

● 1990~2000년대 : 한류, 세계적인 브랜드로 르네상스를 열다

이때는 연예산업의 성장과 한류 스타를 배출하는 토대가 됐다. 92년 서태지와 아이들의 '난 알아요'는 음악혁명으로 평가되고 서태지는 '문화대통령'으로 불렸다. 노래방 문화가 확산되고 신승훈, 김건모 등 앨범 판매량 100만장을 돌파하는 밀리언 셀러 가수들이 잇따라 등장했다.

91년 민방인 SBS TV가 개국하고 95년 케이블 TV가 출범하며 쇼 프로그램과 드라마 등 시청자를 사로잡은 히트 상품이 쏟아졌다. '여명의 눈동자', '모래시계', '사랑이 뭐길래', '용의 눈물' 등 다양한 장르의 드라마가 사랑받았고, '장군의 아들', '경마장가는길', '하얀전쟁', '서편제', '접속' 등의 영화가 흥행했다. 99년 강제규 감독의 '쉬리'는 한국형 블록버스터의 출범을 알렸다.

2000년대는 대중문화가 '한류'라는 브랜드로 세계적인 경쟁력을 갖게 됐

다. 배용준의 '겨울연가' 이영애의 '대장금' 등 드라마가 아시아 시장을 강타했고, 김수현과 전지현의 '별에서 온 그대'는 중국 열풍을 낳았다. 드라마 한류는 K-Pop의 한류로 이어졌다. HOT로 점화된 아이돌 그룹의 댄스 음악은 아시아를 넘어 유럽, 북미, 남미, 중동 등으로 무대를 넓혔다. 동방신기, 빅뱅, JYJ, 슈퍼주니어, 소녀시대, 샤이니, 엑소 등 아이돌 그룹이 해외 시장을 누볐고, 싸이는 '강남스타일'로 미국 빌보드의 벽을 넘으며 월드스타로 탄생했다. 영화계는 임권택에 이어 박찬욱, 이창동, 김기덕, 홍상수 감독이 세계 3대영화제를 휩쓸었다. 배우 전도연은 '칸의 여왕'에 오르고 이병헌은 헐리우드에 안착했다. 최민식과 배두나도 헐리우드에 진출했다.

예술분야에서도 한류 바람은 거셌다. 발레리나 강수진, 지휘자 정명훈, 소프라노 조수미 등이 세계무대를 누비며 한류를 전파했다. 세계 최고의 권위를 자랑하는 베니스 비엔날레의 지난해 건축전에서 건축가 조민석이 커미셔너를 맡은 한국관이 사상 처음으로 황금사자상을 수상한데 이어 올해 미술전에서는 임흥순 작가가 은사자상을 수상을 거머쥐었다.

아시아를 넘어 전 세계로 확산되고 있는 한류는 지난 70년 동안 이어온 우리 문화의 저력과 미래에 대한 희망을 보여주는 사례이기도 하다.

이광형 문화전문기자 글에서

8. 한류의 의미와 전망

한류(韓流)란 다른 나라에서 한국의 대중문화를 좋아하는 사회현상이나 흐름을 말하며, 열광적인 지지와 인기를 몰고 다녀 '한류열풍'이라는 말도 생겼다. 즉 한국영화나 음악 그리고 드라마 등 한국 문화의 작품성과 정서에 공감하고 찬양하는 하나의 문화적인 현상이나 신드롬을 일컬어서 한류열풍이라고 한다. 그 대표적인 나라로는 중국이나 일본, 대만, 홍콩 같은 동남아시아권과 멀리는 유럽이나 미국까지 한국의 문화가 그 나라 국민의 정서적 공감대를 형성함으로써 한국의 이미지와 위상을 향상시키는데 큰 기여를 하였다. 1996년 한국의 텔레비전 드라마가 중국에 수출되고 2년 뒤에는 가요 쪽으로 확대되면서 중국에서 한국 대중문화의 열풍이 일기 시작했다.

한류는 중국에서 일고 있는 이러한 한국 대중문화의 열기를 표현하기 위해 2000년 2월 중국 언론이 붙인 용어이다. 이후 한국 대중문화의 열풍은 중국뿐 아니라 타이완, 홍콩, 베트남, 타이, 인도네시아, 필리핀 등 동남아시아 전역으로 확산되었다. 특히 2000년 이후에는 드라마, 가요, 영화 등 대중문화만뿐 아니라 김치, 고추장, 라면, 과자, 가전제품 등 한국 관련 제품의 선호현상까지 나타났는데 포괄적인 의미에서는 이러한 모든 현상을 가리켜 한류라고 한다. 심지어 대중문화의 수용차원을 넘어 한국의 가수, 영화배우, 탤런트, 나아가 한국인과 한국 자체에 애정을 느껴 한국어를 익히거나 한국 제품을 사려는 젊은이들까지 생겨났는데 중국에서는 이들을 가리켜 '합한족, 한광, 또는 한미'라고 부르고 있다.

아시아 전역에서 시작되었지만 이제는 점점 더 발전되고 확대되어 전

세계적으로 확대되어 가고 있는 한류는 이제 단지 드라마와 같은 문화사업에만 국한되어 나타나는 것이 아니라 국가의 주요 수출사업 분야에도 그 영향력을 뿌리내리고 있다. 드라마 「겨울연가」에서 꽃을 피웠다고 할 수 있는 한류는 대한민국의 높은 인적자원과 완성도 높은 작품과의 결합이었다고 말할 수 있다. 드라마의 내용이 가족 간의 사랑이나 보편적인 가치관을 추구한 점과 빠른 스토리 전개 및 완성도 높은 시나리오 그리고 멋진 배경장면들이 결합되어 엄청난 시너지 효과를 가지고 왔다고 할 수 있다.

또한 방송 가능한 위성을 통해 전 세계로의 기본 채널 활로 개척에 앞장선 한국 방송사들의 역할이 이 같은 한류 열풍에 날개를 달아준 격이다. 또한 한류는 그 의미와 중요성이 커져감에 따라 그것을 지속시키기 위한 여러 가지 방편들이 요구되고 있는 실정이다. 예를 들어, 한국인의 내면을 표현하는 소재를 발굴해야 할 필요성과 문화와 정보의 결합된 형태의 패널로 가야한다는 필요성이 제기되고 있다. 이제는 한국의 한류지원 움직임에 대해 중국이나 일본 등 주변국들 경계로 반 한류 정서도 나타나고 있다. 한류를 지속시키기 위해서는 정부의 일방적인 지원보다는 상대 문화와 상호교류하면서 공동의 협력을 통해 아시아 문화콘텐츠의 브랜드로 세계시장을 개척하는 전략이 필요하다.

PART 02
한류의 요인

1. K-Pop

한국 아이돌이 일본, 중국 등 아시아를 훌쩍 넘어, 미국 라스베가스에 진출했다. 16,700명이 들어가는 최대 규모의 MCM 그랜드 아레나 홀에서, 우리 빌보드 코리아 아이돌이 K-Pop을 가지고 출연했다. 여기는 마돈나, 재니 잭스 같은 세계 유명한 연예인의 콘서트만 열리던 곳이다. 이런 곳에서 공연 했다는 것 만으로도 대단한 사건이다.

파리에서도 우리 K-Pop은 루브르 박물관 앞에서 팬들의 환호성 속에 열렸다. 프랑스의 K-Pop 열성 팬 200여 명은 한국 K-Pop 공연을 하루 더 연장해 달라고 시위까지 벌였다. 입장권 6,000장이 15분만에 동이 나는 바람에 표를 구하지 못한 사람들이었다.

영국에서는 이 표를 사려고 200m 이상 줄을 서는 진풍경도 있었다. 이 K-Pop 팬들은, 한국 아이돌의 율동을 흉내내며 한국 노래 가사를 따라 부르기도 했다. 이들은 완전히 K-Pop에 매료돼 있었다. 이 K-Pop 스타들은 노래도 잘 부르고 춤도 잘 추는데다, 얼굴 몸매까지 좋아 모든 게 완벽하다고도 했다.

프랑스, 영국, 독일, 이탈리아, 스웨덴, 폴란드 등 유럽 각지에서 몰려 온 한류 팬들은 우리 아이돌의 공연에 눈물을 흘리며 환호성을 지르고 열광했다. 일본에서는 K-Pop이 일본 전국을 너무 뒤흔들어, 일부 극우파에서는 반한류 데모까지 벌였다는 이야기도 있다.

최근의 K-Pop 붐에 대해서 〈런던 이브닝 스탠더드〉는 "런던이 K-Pop에 미쳐가고 있다"라고 재미있게 표현한 적이 있다. 프랑스의 〈휘가로〉나 〈르몽드〉에서도 "K-Pop이 J-Pop이 차지하고 있던 자리를 밀어내고 프랑스인들에게 춤과 노래의 종합선물세트를 제공하고 있다" 이렇게 극찬했다. 더욱 중요한 점은 K-Pop에 대한 관심이 한국문화 전반에 대한 관심으로 확대되고 있다는 게 중요하다.

1) 파리 K-Pop 공연에 대한 단상

다음 글은 전프랑스 한국 문화원장 최준호 교수의 글이다.

2011년 6월 10, 11일, 'SM Town concert, world tour in Paris'라는 사건으로 인해 재불 동포들은 물론 모든 한국인들이 기분좋게 놀랐던 일이 있었다. 유럽 10여 개국의 젊은이 들이 예매한 14,000석의 제니트(le Zenith) 공연장에서 3시간 30분간 단 한순간도 자리에 앉지 않고 열광한 일은 가히 감격적이었다. 이는, 우리가 흥분하여 유럽에서도 한류가 대단하다고 과장할 일도 아니지만, 최근 5~6년간 확대된 프랑스의 한국문화예술에 대한 관심을 잘 대변해 준 사건이라는 점에 주목해야 하겠다. 한국문화원 활동 30년의 성과이기도 하고, 그간 노력해온 수많은 한국, 프랑스인 문화예술계 종사자들과 훌륭한 제품을 만들어 수출해온 기업들의 노고가 기반이 된 사건이었다.

또한 200년 이상 프랑스와의 문화교류를 통해 인지도와 애호가 기반을 다져놓은 일본과 중국의 덕을 효과적으로 보기도 했다. 이는 결코 하루 아침에 일어난 일이 아니라, 긴 시간 동안 정부(문화원)가 만든 기반 – 현지의 한국문화 수용 확대 – 위에 거둔 성과이기도 하였으니 이를 정리함으로써 국제문화교류의 방향을 짚어 볼 계기로 삼고자 한다.

2002년 월드컵 개최를 계기로 프랑스에서의 한국에 대한 대중적 인지도가 확대되었다. 특히 한국 음식, 영화에 대한 일반인들의 관심은 매우 긍정적으로 증대되기 시작했다. 이후 인터넷을 통한 좋은 품질의 K-Pop, K-Drama 소개, 유포는 일본과 중국의 대중문화를 사랑하던 수많은 프랑스인들의 관심을 한국 대중문화로 돌리는 계기가 되었다. 한국문화원장으로 부임하던 2007년 10월, 이런 조짐은 가시화되기 시작했고, J-Pop, 망가 애호가들의 상당수가 한국 만화, 애니메이션, K-Pop으로 관심을 확대시키고 있었다.

2011년 현황을 요약하면 교민수 1,000가구에 불과한 프랑스 파리에서만 한국 식당이 110개가 넘고(5~6년 사이에 약 2배 증가) 출판(문학 및 아동), 미술, 음악, 전통예술, 영화, 공연예술이 상시적으로 전국에서 소개되었다. 대학에서의 한국학 전공 신입생이 8개 대학 1,000여 명에 이르며 고교에서는 제2외국어로 한국어 교육이 시작되었고, 전국 30여 개 중·고교에 한국예술실습 강좌가 시행되는 일이 현실이 되었다. 다수의 국제 문화예술 축제, 기관들이 '한국의 해'를 문화원과 함께 개최한 후, 꾸준히 한국 프로그램을 편성하고 있다. 칸 영화제에서의 선전을 기반으로 4개의 아시아 영화제들도 각각 '한국의 해'를 성황리에 열었고 한국영화가 영화제의 중심에 서게 되었다.

동포들조차도 서울에 있을 때보다 더 풍성한 한국문화예술을 프랑스에서 경험할 수 있다며 좋아하다가 K-Pop 공연 현장에서 감격의 눈물을 터뜨릴 수밖에 없는 상황이 되어버린 것이다. 각종 미디어가 우리 문화예술 소식을 연 500회 이상 전하는 가운데, 국영 France2 TV는 2011년 1월 3일 110분짜리 다큐멘터리 〈숨겨진 힘 : 한국〉(Puissance cachée : la Corée)을 방영, 동시간대 최고 시청률 및 이후 한 달간 인터넷 재시청률, 시청자 포럼 참가자수 최고를 기록하는 인상적인 성과를 거두었다. 문화원, 관광공사가 협조하고 2010년 10개월간 3차례의 한국 취재로 방송사가 직접

제작을 한 것이었다.

2009년 문화원에서 한국어를 배우던 프랑스인들이 Korean Connection이란 협회를 만들었다. 20~30대의 젊은이들이 주축인 이 협회는 문화원이 매번 사업을 지원하며 동반자 관계를 맺고 있었다. 한국어 캠프, 여름어학강좌, 한국문화축제 등을 협회가 기획하고 문화원과 함께 주관하면서 친한국문화 청년층이 날로 늘어가던 중(회원수 6명→8,000명), 제3회 한국 문화축제를 대규모로 기획하면서 'K-Pop 콘서트' 안이 나왔다. 2010년 10월 말 SNS를 통해 9,000명의 유료관객 확인을 계기로 대형 공연장 두 곳을 각각 2011년 5월과 6월에 예약하고 국고 지원과 한국의 대표 기획사를 설득하기 위한 자료들을 함께 만들기 시작했다.

현지 청년층의 간청에 답하면서 SM의 협력에 감사하는 뜻으로, 두 팀 정도의 공연을 개최하여 유럽시장 진출 프로모션을 해주려는 계획으로 일은 시작되었다. 그런데 2개월간 유료 관람예정자가 2만명으로 늘어나고, 인터넷 K-Pop 전용 라디오에 20만 명의 고정 청취자가 확인되면서 이 공연은 두 팀이 아니라 소속 연예인 전원이 출연하는 SM Town Concert로 확대되었다. 이 과정에서 문화체육관광부는 한국 방문의 해 홍보 예산을 지원해줌으로써 SM을 설득하는 데 결정적인 도움을 주었다. 15분 만에 7,000석이 매진된 상황에서 한 회의 공연을 추가할 때도 절묘한 협업은 계속되었다.

플래쉬몹 제안에 협회는 300여 명을 모았고, 특파원단이 전원 취재해 줌으로써 SM은 일약 화제의 중심에 섰고 현지 프로덕션인 라이브 내이션스는 6월 11일 예약된 공연장의 다른 일정을 밀어내고 공연을 추가하는 쾌거를 올리게 되었다. 우리들의 협력은 초유의 공항 영접 이벤트로 이어지고 공연이 끝날 때까지 감동은 계속되었다. 관이 판을 깔고 현지인이 행사를 준비하고 공연 주체인 SM이 전면에 우뚝 서면서, 결국 이 공연은 프랑스(유럽) 팝계가 단번에 K-Pop을 인정하는 대성과를 거두게 된 것이다. 문화원이 주관하는 관제/외교행사가 아니라, 민간전문행사가 더 잘되도록 현지와 매개하고 지원하는 일을 문화원이 했기에 K-Pop 유럽 진출의 길을 틀 수 있었다. 한국대중문화 유럽애호가들의 요청에 답하며 그 인구가 확대되고 이후 관의 도움 없이 K-Pop 유럽 현지진출이 활성화될 수 있었기에, 정부의 첫 번째 역할이 잘 마무리된 것이다. 유럽 최초의 K-Pop 콘서트의 성공이야말로 민(현지인), 관, 전문가가 공동으로 이룬 바람직한 사례라고 생각한다.

K-Pop 뒤에는 국악, 뮤지컬, 오페라, 대중 가요가 있었으며 잠재력이 표면화된 것이다.

2) 한국의 노래

① 국악

국악은 한국의 전통음악이다. 국악은 삼국시대로부터 중국과의 교류를 통해 고려시대에는 당악, 아악, 향악 등이 발달하였다. 국악은 궁중이나 양반층에서 향유하는 정악과 서민층들이 즐기는 민속악이 있다. 민속악은 대체로 흥겹고 구성진 가락이 많으며 지방마다 독특한 색깔을 지니고 있다. 농악, 판소리, 민요 등은 자유분방하고 생동감 넘치는 음악이다.

정악(正樂)은 궁정이나 지식계급에서 쓰던 음악을 가리키고, 민속악(民俗樂)은 일반 대중 사이에서 쓰던 음악을 가리킨다. 즉, 정악에는 문묘제례악을 비롯하여 종묘제례악 · 경모궁 제례악(景慕宮祭禮樂)

35

등의 악곡 및 각 악곡에서 파생된 모든 파생곡까지를 포함하며 궁중음악이 아닌 민간음악 중에서도 가곡·가사·시조 등도 포함한다.

민속악은 정악의 대(對)가 되는 음악으로 일반대중이 즐기던 음악이다. 이에는 산조·판소리·잡가·민요·농악 등이 속하는데, 잡가에는 12잡가·휘모리잡가·서도잡가·산타령·가야금병창·선소리(立唱) 등이 포함된다. 민속악의 전체적인 특징은 흥겹고 구성진 가락이 많고 음악마다 지방에 따른 '토리'가 적용된다. 장단은 느린 것도 있지만 거의가 빠른 장단이어서 생동감이 넘치고 역동적이다.

한국의 전통음악을 연주하는 데 쓰이는 악기는 60여 가지가 넘으며 여러 악기가 서로 어우러져 조화로운 화음을 만들어낸다. 국악은 궁, 상, 각, 치, 우의 5음으로 되어 있으나 연주 방법에 따라 다양한 음을 만들어 낼 수 있다.

국악 뒤에는 사물놀이가 있다. 사물놀이는 네 가지의 악기, 꽹과리, 북, 장고, 징으로 이루어진 타악기 연주이다. 이 중에서 꽹가리와 징은 금속 악기이고 장고와 북은 가죽 악기이다. 금속 악기와 가죽 악기는 소리가 다르다. 금속 악기는 센 소리가 나고, 가죽 악기는 부드러운 소리가 난다. 장고는 짧은 리듬을 내는 악기이고, 북은 장고를 도와 주는 역할을 한다.

네 가지 악기는 모두 별칭이 있는데, 꽹가리는 '구름', 징은 '비', 장고는 '바람', 북은 '번개'로 모두 자연의 소리를 닮은 것이다. 사물놀이의 연주소리는 자연이나 우주의 소리라고 할 수 있으며 엄청난 음량과 다이내믹함으로 무장한 농악의 현대화된 음악이다.

② 뮤지컬

뮤지컬은 미국에서 발달한 현대음악의 한 형식이다. 음악, 노래, 무용을 결합시킨 것으로 뮤지컬 코미디나 뮤지컬 플레이를 종합하고 그 위에 레뷔(revue), 쇼(show), 스펙터클(spectacle)의 요소를 가미하여 큰 무대에서 상연하는 종합무대예술이다. 한국에서는 〈명성 황후〉가 가장 대표적인 창작 뮤지컬이다.

뮤지컬 〈명성황후〉는 한국의 마지막 황후인 비운의 국모 명성황후의 일대기를 그린 작품으로 명성황후 시해 100주기를 맞이하여 제작, 기획된 초대형 창작 뮤지컬이다. 명성황후는 조선의 마지막 황후로 16세의 나이로 고종과 결혼하여 국사에 큰 역할을 하다가 일본에 정책적으로 시해당한 인물이다. 당시 조선에서는 정국이 어수선하여 각종 난과 사건들이 연이어 일어나던 시절이었고 그 가운데 일본의 한반도 지배 정책에 반대하는 의사를 강경하게 저항하다가 결국 살해당하는 비운을 맞는다. 한국가의 국모를 살해한다는 것은 천인공로할 일이지만 이를 무마하기 위해 일본은 모든 역사적 증거자료를 없애버린다.

뮤지컬 〈명성황후〉는 한일 간의 아픈 역사를 되짚어보는 의미도 있지만, 한 나라의 국모 이전에 한 남편의 아내이자 어머니로써 그녀가 겪었던 죽음과 만국공통의 정서인 애국심이 결합하여 국제적인 문화상품으로 거듭난 것이다. 이문열 원작, 윤호진 연출로 1995년 예술의 전당 오페라극장에서 올리면서 큰 성공을 거둔 후, 약 십여 년간 수차례의 업그레이드를 거쳐 오늘 날, TV드라마와 뮤직비디오, 출판, 음반 광고 그리고 코미디 프로그램에 이르기까지 한류를 비롯한 한국 대중문화 전반에 걸친 핵심코드로 막대한 영향력을 행사하고 있다.

③ 오페라

오페라는 가극(歌劇)이라고도 하며 음악을 중심으로 이루어지는 종합 무대예술이다. 스토리가 있으며 대사는 독창, 이중창, 합창 등으로 표현되며 서곡, 간주곡, 기악곡 등이 가미된다. 한국에 오페라가 처음 시작된 것은 조선 오페라 협회에서 베르디의 오페라 〈춘희 La traviata〉를 공연한 1948년 1월부터이다. 이때의 오페라는 서양의 오페라 형식과 같은 것이었고 1950년 현제명의 〈춘향전〉이 최초의 창작 오페라였다. 이후 김대현의 〈콩쥐 팥쥐〉, 장일남의 〈왕자호동〉과 같은 창작 오페라가 여러 편 발표되었다.

1962년 4월 창립된 국립 오페라단은 정부의 지원을 받기 때문에 과감한 레퍼토리를 선택할 수 있었다. 푸치니의 〈라보엠 La B heme〉, 베르디의 〈리골레토 Rigoletto〉, 공석준의 〈결혼〉, 이영조의 〈처용〉 등이 공연되었다. 1968년 5월 창단된 김자경 오페라단은 가장 오랜 역사를 지닌 민간 오페라단으로 모차르트의 〈피가로의 결혼〉, 이건용의 〈솔로몬술람미〉 등을 공연했다.

④ 대중가요

한류의 원조라고 할 수 있는 대중가요는 우리나라에 근대화가 시작된 1920년대에 민요가 그 힘을 잃어버린 상태에서 대중과 밀착하여 대중에게 영향을 미치면서 음악의 한 장르로 자리잡았다.

대중가요는 가곡 류의 고급예술 음악과는 구별되는 대중성과 상업성을 강하게 띠는 음악 장르이므로 대중매체의 발달과 깊은 관계가 있다. 대중가요가 시작된 1920년대는 일본 음악 산업이 한국에 진출한 때였고, 경성방송국의 개설도 대중가요 형성에 큰 영향을 미쳤다. 그러나 방송국이 개설되었다고는 하나 당시 한국에는 축음기와 라디오 같은 매체가 잘 보급되지 않은 상태였다. 그래서 당시 대중가요는 가수들이 있는 유랑극단이나 약장수들이 축음기를 틀어놓은 장터, 또는 축음기나 라디오를 갖고 있는 부잣집 마당에서 듣는 노래의 형태로 보급되었다. 또 기독교의 보급으로 찬송가가 불리면서 대중가요의 형성에 영향을 미치기도 했다.

한국 대중가요의 시작은 윤심덕이 최초의 대중가요 음반 〈사의 찬미〉를 내면서부터이다. 이 곡은 서양의 〈다뉴브 강의 푸른 물결〉이라는 곡에 윤심덕 자신이 가사를 붙여 동생 윤성덕의 피아노 반주에 맞춰 부른 노래이다. 또한 이 곡은 윤심덕이 일본에서 음반을 취입하고 돌아오는 길에 애인 김우진과 현해탄에서 동반 자살함으로써 더욱 유명해졌다. 윤심덕의 음반 취입은 대중가요가 대중매체를 중요한 전달방식으로 한다는 점에서 중요하다. 또 이 노래는 대중가요가 개인의 감정을 표현하는 데 중점을 두고 있음을 알 수 있다.

8·15해방과 함께 밀어닥친 미국문화의 압도적인 영향 속에서 한국의 대중가요는 일제 강점기에 뿌리내린 왜색가요와 미국의 서구색 가요의 두 줄기를 형성하게 되었다. 특히 서구색 가요는 주둔한 미8군 출신의 대중음악인들에 의해 주도되었다. 이 두 흐름은 1970년대 말까지 가요계의 주도권을 번갈아 쥐며 한국 대중가요의 주된 흐름을 이루게 되다가 차츰 서구 모방의 대중가요가 주류를 이루는 양상을 보이게 되었다. 1980년대 이후 청소년층이 대중가요의 주된 수용 층으로 등장하면서 한국 대중가요는 청소년 취향 중심으로 변화하게 되었고 전반적으로 발라드풍 가요와 댄스 가요가 주류를 이루게 되었다. 트로트 가요 역시 과거의 애상적인 분위기에서 벗어나 경쾌한 댄스 리듬과 결합

하는 양식을 보이게 되었고 1970년대 이후 텔레비전의 보급으로 대중가요는 노래 중심에서 가수의 용모와 율동을 중시하는 경향을 띠게 되었다.

1990년대 '서태지와 아이들'을 비롯한 10대 그룹 가수 팀의 폭발적인 인기는 시대의 변화를 실감케 했으며, 최근 '엑소'나 '레드벨벳'의 노래와 율동은 온 국민의 관심을 불러올 정도로 막강한 문화 콘텐츠로 자리매김하고 있다.

2. K-콘

2015년 4회째를 맞는 종합 한류 컨벤션 'K-콘 2015 USA(KCON2015 USA)'가 더욱 크고 다채로워졌다. K-콘을 주최하는 CJ E&M측이 10일 밝힌 바에 따르면, 9월 31일부터 내달 2일까지 열리는 'K-콘 2015 USA'는 행사장을 LA다운타운 컨벤션 센터와 스테이플스 센터로 옮겨 접근도를 높이고 행사 기간도 3일로 늘려 몸집을 한껏 키웠다. 동부 지역으로도 진출, 내달 8일에는 뉴욕 프르덴셜 센터에서도 K-콘 행사를 이어간다.

콘서트의 라인업도 화려하다. LA공연 첫날인 내달 1일에는 슈퍼 주니어, 씨스타, 로이 킴, 갓세븐, 몬스타엑스가 2일에는 신화, AOA, 블락비, 레드 벨벳, 자이온티와 크러쉬가 무대에 선다. 배우 김수현, 다니엘 헤니, 손호준도 LA행사에 특별 게스트로 참석해 팬들과 만날 예정이다. 뉴욕 무대에는 소녀시대, 틴탑, 빅스 등이 오른다.

컨벤션장에는 예년과 마찬가지로 다양한 한류 관련 프로그램이 진행된다. K-Pop 댄스 클래스부터 한식만들기, 한국식 헤어 메이크업 강좌 등이 열리며 '별에서 온 그대', '프로듀사'의 박지은 작가와 '주군의 태양', '닥터 이방인', '추적자' 등을 만든 진혁 감독 등이 참여하는 패널 세션도 준비돼 있다.

2014년에 이어 한국 중소기업청과 대중소기업협력재단이 초청한 50여 곳의 한국 기업들이 부스를 설치해 한국의 경쟁력 있는 상품을 소개하고 한국기업들의 미국 진출을 돕고 한인 커뮤니티와의 협력을 모색하기 위한 'K-콘 비즈니스 콘퍼런스'도 최초로 열렸다. 각계 전문가들을 초빙해 세금과 법률, 금융, 투자, 인사 등에 대한 강연을 듣는 시간이나 기업인들간의 네트워킹 자리도 마련되었다.

한편 CJ E&M 측은 지난해 K-콘에 참가한 4만 3,000여 명 중 한인은 10% 수준이었으며 아시안 아메리칸의 비중도 40% 안팎이었다고 전했다. 조사에 따르면 K-콘에 참석하기 위해 타주에서 온 참가자들이 75%에 달했다. CJ E&M 아메리카의 앤젤라 길로런 부사장은 "K-콘은 우리의 문화와 콘텐츠에 얼마나 많은 이들이 열광하는지 확인하며 뿌듯함을 느낄 수 있는 행사"라며 보다 많은 한인들이 K-콘을 찾아 새로운 경험했다고 말했다.

'K-콘 2015 USA'의 티켓 가격은 참가 가능 일수와 좌석 등급 등에 따라 50~800달러 까지 다양했다. 컨벤션만 즐기고 싶어하는 한인들을 위한 10달러(1일권), 25달러(3일권)의 별도 입장권도 마련 돼어 또 한번 한류가 확산될 조짐이었으며 드디어 K-콘은 성공적으로 대성황을 이루고 폐막했다.

3. 한국어

① 한국어의 열기

미주지역 공립학교들의 한국어반 개설 움직임이 한류열풍에 힘입어 다시금 탄력을 받고 있는 것으로 나타났다. 특히 지난 2006년을 정점으로 한동안 주춤했던 한국어반 운영 공립학교 수가 지난해를 기해 큰 폭으로 증가한 것이다.

한국어진흥재단이 수집해 보관하고 있는 통계자료를 보면 조사가 처음 시작된 1997년 이래 10여년간 가파른 상승세를 기록하다가 2006년 이후 2009년까지 하향세를 거듭한 것을 확인할 수 있다. 그런데 K-Pop, K-드라마 등이 본격화하기 시작한 2010년부터 상승곡선으로 전환하는 변화의 바람이 불어닥친 것이다.

사실 지난 1997년만 해도 한국어반을 채택한 미국내 공립학교의 수는 19곳, 총 학생 수 또한 1,471명에 머물렀다. 심지어 타인종들의 한국어 수강 열기 또한 그리 높지 않아 통계치를 별도로 측정하지 않았을 정도다. 하지만 2001년 11월 기준 한국어반 운영 공립학교의 수는 총 75곳의 7,369명으로 이중 비한인 학생수가 3,669명에 달해 타인종 수강비율이 49.7%로 급신장했다. 이같은 수치상의 변화는 14년 만에 학교수가 4배 가까이 늘어났으며, 전체 학생수는 5배 이상 증가한 것이다. 또한 아직 잠정집계이기는 하나 2012년 결산기준 10개 학교가 늘어날 전망이라 전체 학생 수는 9,000여 명에 달할 것이란 관측이다.

한국어진흥재단 측은 "솔직히 지난해를 기점으로 예상했던 것보다 타인종 학생들의 수강 비율이 높아진 데에 대해 적잖이 놀랐다"며 전세계를 강타하고 있는 한류열풍이 한국어 교육 확산과 함께 문화전파의 첨병역할을 하고 있다고 분석했다.

결국 이같은 한류열풍에 착안해 한국 정부가 지난 2011년부터 LA한국교육원에 미국내 공립학교 한국어반 증설을 위한 예산을 확충하는 등 한국어진흥재단을 비롯한 민간단체들과 손을 맞잡고 지원정책을 펼친 것이 어느정도 효과를 발휘한 것으로 풀이된다. 물론 아직까지 넘어야 할 숙제와 당면과제는 산적해 있다. 지난 2008년 캘리포니아 주정부가 재정적자를 이유로 교육예산을 대거 삭감하면서 한인 학생 다수가 재학하고 있는 세리토스 소재 위트니 고교 등이 한국어반 폐지를 결정한 것 등은 언제나 뼈아픈 전례로 남아있기 때문이다.

최근 통계치와 그 추세를 보면 타인종 청소년들이 한국어반 수업에 보다 적극적인 반면, 한국어가 AP과목으로 인정되지 않아 대학입시에 도움이 되지 않는다는 이유로 모국어 공부를 등한시하는 1.5세~2세 한인 청소년들이 늘고 있는 것은 아이러니다. 결국 한국어 수업이 AP과목에 채택되기 위해서는 더 많은 공립학교에서 한국어반 수업이 개설되어야 하는 역학구도를 감안했을 때 전략적 대책마련이 요구되는 시점이다.

이와 함께 미국내 공립학교 한국어반 교사들에 대한 보수교육 및 역량강화 또한 주요과제로 부각되고 있다. 한국어진흥재단 이사장은 "공립학교의 한국어 교사들이 1세 위주에서 1.5세~2세 한인들로 넘어가는 과도기를 겪으면서 실제적으로 한국 역사와 문화를 잘 모르고 한국어를 가르치는 교사들이 늘어나고 있다"고 말했다. "따라서 한국어를 가르치는 현역 교사들을 한국으로 초빙해 한국 문화를 터득케함으로써 언어를 통해 타인종들과 진정으로 대화할 수 있는 소통자로 양성해야 한다"고 강조했다.

박상균 기자

② 한류에 의한 한국어 붐

한국어를 배우기 위해 한국을 찾는 외국인 학생들이 폭발적으로 증가해왔으며 그들을 한국으로 불러들인 주요 원인 중 하나가 다름 아닌 한류다.

1993년 경희대학교 국제교육원에 한국어 과정을 개설할 당시 학생은 교환학생 단 2명에 불과하였으나 10년 만인 2002년에는 연간 1,000여 명으로 증가했다. 1990년대 후반 드라마와 영화를 중심으로 한 제1기 한류의 확산과 맞아떨어진다. 이어 2000년대 중반 이후 K-Pop을 중심으로 제2기 한류열풍이 재점화되었는데 본교 연수인원이 2005년에 2,000여 명, 지난 해인 2011년에는 5,053명으로 증가했다. 이들의 국적은 2000년대 초반까지는 당시 한류의 중심이었던 중국, 일본, 홍콩, 베트남, 타이완, 인도네시아 등 아시아 지역이 주를 이루었고 2000년대 중후반 이후, 즉 제2한류 시기에는 브라질, 멕시코, 아르헨티나 등 남미 국가는 물론 영국, 프랑스 등 일부 유럽 국가로까지 확대되는 양상을 보였다.

더불어 한국어 교육 현장에서 한류의 영향력을 가장 크게 느낄 때는 단기 한국어 연수생의 가파른 증가 추세를 볼 때이나.

한국어 학습에 대한 국내외적인 열기 또한 높으며 한국어능력시험(TOPIK) 응시자 수의 변화 추이는 이를 가장 직접적이고 단적으로 보여준다. 교육과학기술부 등 담당 기관의 통계에 따르면, 1997년 제1회 한국어능력시험의 응시자는 4개국(13개 지역) 2,274명에 불과했으나 2012년도 제26회 한국어능력시험은 37개국 139개 지역에서 53,613명이 응시했다. 이처럼 응시자가 급증하고 있는 것은 한류의 영향력 확대와 더불어 국제사회에서 한국과 한국 기업의 브랜드 가치가 높아져 국내외적으로 한국 유학이나 취업을 목적으로 하기 때문이다.

한국어 교육에 미치는 한류의 영향에 대해 현장 교사들의 생각은 어떨지 경희대학교 국제교육원 한국어 교사들(100명)에게 이와 관련된 몇가지 질문을 해 보았다.

94%의 교사는 한류가 한국어 학습자 수요증가에 긍정적인 영향을 준다고 하였으며, 76%가 한류가 국내외 한국어 교육 발전에 큰 영향을 미치는 것으로 인식했다. 78%의 교사가 학습자의 한류에 대한 관심이 수업 진행에 크게 도움이 된다고 하였으며, 68%의 교사는 한류가 학습자의 한국어 실력 향상에도 유용한 영향을 준다고 인식하는 것으로 나타났다.

그동안 한류라 할 때 주로 우리의 드라마와 영화, 음악 등 외형적 매체만을 떠올렸다면 이제는 인식의 전환이 필요하다. 바로 한류의 중심에 한국어와 한국어 교육을 두어야 하는 것이다. 이제는 한류에 한국어라는 옷을 입혀 우리의 음악, 드라마, 영화에 연호하는 그들이 우리의 언어로 우리의 문화를 즐기고 이해하도록 이끌어야 한다. 우리의 언어야말로 우리의 정신을 온전히 담고 있는 우리 문화의 정수이자 우리가 가진 가장 우수한 문화 콘텐츠이기 때문이다. 우리의 언어를 토대로 세계인이 우리 문화를 향유하게 될 때 비로소 한류는 잠시 스쳐가는 이벤트가 아니라 세계인의 가슴에 영원한 울림을 주는 지속 가능한 문화 콘텐츠로 자리매김할 수 있을 것이다. 가슴으로 한 사랑도 언젠가는 잊혀지기 마련이나 뇌리에 박힌 언어는 쉽게 지워지지 않는 까닭이라 하겠다.

김중섭 교수 글에서

4. 한국 무용

무용은 군중들에게 화려한 볼거리를 제공한다. 기원전의 벽화에서 보듯 무용의 근원은 춤꾼의 몸짓을 표현언어로 사용하는 장르의 특성상 지구상에 존재하는 가장 오랜 예술형태라는 연구기록도 있고 동서고금의 역사 곳곳에 무용은 늘 이벤트용 행위예술로 등장해 왔다. 하지만 무용이 행사에 동원되어 이벤트 성의 볼거리로 그치고 만다면 예술무용이라 볼 수 없다.

미주에서도 한국을 알리는 커뮤니티 행사에 무용은 여지없이 한국전통무용이라는 미명 아래 여흥 순서 단골메뉴로 올라온다. 이로 인해 한류에 무용이 공헌한 바를 부정할 수 없는 사실이다. 그러나 무용이 예술로서 승화하려면 끊임없이 창조하고 연구하는 무용인의 치열한 의식이 바탕이 되어야 한다. 그래서 혼과 정신이 살아 숨쉬는 춤을 추는 무용인, 무대에서 만나는 무용인, 작품 속에서 거듭 태어나는 무용인이 보다 많이 배출되길 바라는 마음 간절하다.

겉모양이 아무리 화려하고 무성해도 뿌리가 썩으면 그 나무의 형체는 곧 쇠잔해버리고 만다. K-Pop, 한류로 표현되는 최근 한국문화의 세계로의 흐름은 대단히 화려해 보인다. 눈부신 경제성장과 함께 세계시장에서의 한류 문화상품의 부상을 피부로 느끼며 이제 우리의 모국도 강국대열에 들어서고 있는 것인가 하는 느낌마저 든다.

왜 유독 한국의 대중음악과 춤이 세계인들의 관심의 대상이 되고 있는 것일까? 이러한 세계적 현상의 문화적, 역사적 배경에는 우리의 전통음악과 춤이 존재하고 있다는 사실을 알아야 겠다. K-Pop의 흥은 결코 우리의 전통문화와 무관하지 않다. 전통문화가 바로 우리의 뿌리인 것이다. 예로 부터 음악과 춤을 즐기는 우리 민족이다. 그래서 한민족을 가무 민족이라고도 한다. 우리 선대 조상들의 '끼'가 바로 오늘날 한류, K-Pop의 원류라고 보아야 할 것이다.

한국의 춤에는 다음과 같은 것들이 있다.

1) 탈춤

탈은 종이나 나무로 사람이나 동물의 얼굴 모양을 만들어서 얼굴에 쓰는 물건이다. 한국의 탈은 그 모양이나 기능에서 고유한 특성을 가지고 있다. 탈은 원시시대부터 종교의식을 치를 때 사용했다. 위협적이고 무시무시한 모습으로 마귀나 외적을 쫓아내거나, 현실에서는 볼 수 없는 신의 형상을 만들어 상징적인 의미를 부여하기도 했다. 이렇게 종교의식에 쓰이면서 특별한 의미를 가졌던 탈은 후대로 오면서 예술 활동의 중심 역할을 하게 되었다.

탈은 시대에 따라 모양을 달리하여 그 사회상을 방영하고 있다. 탈은 예술적 기능이 커지면서 그 시대를 풍자하고 비판하는 중요한 기능으로 확대되고 있다. 탈춤이라는 고유한 연극형식은 탈의 예술적 기능을 가장 잘 드러내 준다. 각배역의 특징을 과장되고 회화적으로 표현한 각종 형상들은 그 모습만으로도 극의 내용을 어느 정도 전달할 성노로 탈춤에서는 매우 중요한 요소이다.

탈춤에 나오는 탈은 배역에 나타난 인물을 사실적으로 묘사하여 만들거나, 그 배역이 지닌 사회적 지위나 상태 등을 상징적으로 표현한 두 가지 모습이 있다. 양반탈은 이목구비가 뚜렷하고 반듯한 형상을 하고 있으나 실제 극에서는 전혀 양반답지 못한 온갖 언행을 일삼음으로써 양반계급의 모순을 극적으로 드러내 준다. 반대로 하층민을 상징하는 탈은 입이 비뚤어지고 코가 잘린 비정상적인 형상을 함으로써 신분이 낮은 서민들의 사회적 지위를 표현하고 있지만 실제 극에서는 행동이나 말이 사리에 맞을 뿐 아니라 양반들의 비리를 고발하고 있다. 탈춤은 단순히 해학과 풍자만이 아니라 그 이면에 양반들의 지배와 억압을 벗어나 자유롭고자 하는 서민들의 저항의식을 담고 있다.

탈춤의 기원은 액을 막고 복을 기원하기 위한 종교적 목적으로 그 액을 쫓기 위해 도깨비 모양의 탈을 쓰고 탈놀이를 했다. 탈춤의 내용은 의식무와 굿, 파계승에 대한 풍자, 양반에 대한 모욕, 남녀의 대립과 갈등, 서민생활의 실상 등을 보여주는 것으로 요약된다.

2) 살풀이 춤

살풀이 춤은 손에 기다란 수건을 든 채 혼자 추는 한국 고유의 춤이다. 중요무형문화재 제97호이며 수건춤·즉흥무라고도 한다. 일반적으로 흰 치마 저고리에 가볍고 부드러운 흰 수건을 들고 추는데, 한국무용의 특징인 정중동(靜中動)·동중정(動中靜)의 미가 극치를 이루는 신비스럽고 환상적인 춤사위로 구성된다. 살풀이에 있어서 수건은 매우 중요한 구실을 하는데, 서무(序鷄)에서 짐짓 느리게 거닐다가 이따금 수건을 오른팔·왼팔로 옮기고, 던져서 떨어뜨린 다음 몸을 굽히고 엎드려 두 손으로 공손히 들어올리기도 한다. 떨어뜨리는 동작은 불운의 살이라 할 수 있고 다시 주워 드는 동작은 기쁨과 행운의 표현이라 할 수 있다.

살풀이춤은 주로 수건을 든 팔 동작을 중심으로 팔에서 수건으로 이어지는 선의 움직임이 유난히 두드러진다. 특히 한복이 지닌 고유의 선과 춤사위로 만들어지는 선이 조화를 이루어 섬세하면서도 신비로운 분위기를 자아낸다. 가락에 따라 멈추었다가는 터질 듯이 움직이는 춤 사위는 슬픔을 풀어 환희로 승화시키는 인간의 감정을 그대로 표현한 다.

반주음악으로는 피리 2개, 대금·해금·장구·북이 각각 1개씩으로 다른 무용의 반주 때와 다름없으나 간혹 징을 곁들일 때도 있다. 그러 나 장단은 항상 단장고(單杖鼓)이며 입타령으로 가락을 흥얼거려 효 과를 높인다.

3) 현대무용

현대무용은 수많은 춤 요소들을 차용할 수도 있으며 동작의 단순한 한 측면만을 다룰 수도 있다. 새로운 세대의 안무가들이 등장하면서 현대 무용의 개념과 실천이 변화함에 따라 현대무용이라는 용어의 의미는 더욱 모호해지고 있다.

한국에서는 최승희에 의해 한국 현대무용의 효시가 되는 신무용시대 가 열렸다. 그러나 실질적으로 현대무용이 독립된 장르로 인식되기는 1960년 이후의 일이다. 일본에서 발레와 현대무용을 배운 박외선이 이 화여자대학교에서 현대무용을 가르쳤고 그 제자 육완순이 미국에서 현대무용을 배우고 귀국하여 1963년 오케시스 대학생 현대무용을 창 단했다.

1964년 육완순이 〈흑인연가〉 등의 레퍼토리를 공연함으로써 한국에서 현대무용은 활발히 창작되기 시작했다. 이후 1970년대 후반부터 여러 현대무용단이 조직되었고 무용계의 춤 활성화와 더불어 현대무용도 확산되고 있다. 현대무용은 전통을 고수하기보다 좀더 자유분방한 상

상력과 독창성, 재치와 풍자, 세련된 예술적 기교 등을 나타내어 한국
현대무용이 다양하게 변모될 것임을 예고하고 있다.

4) 비-보이(B-boy)

B-boy의 B는 Break Dance의 약자로 B-boy는 브레이크 댄스를 전문적
으로 추는 남자를 말하며 여자는 B-girl이라고 한다. 클럽의 DJ가 음악
을 틀다가 브레이크(Break-노래중간에 비트만 나오는 구간)를 계속해
서 들려 주는데, 비-보잉(B-boying)은 이 브레이크 부분에 맞춰 춤을
추는 것을 말한다. 비-보이의 기원은 1970년대 당시 흑인이 지배하던
뉴욕의 뒷골목에 미국으로 불법 이민한 히스패닉계가 몰려들어 자연
스레 흑인과 히스패닉 사이에 치열한 패권다툼이 벌어졌는데, 그들에
게 유일한 휴식문화로 힙합이 유행하기 시작했다.

힙합이란 비트가 강한 음악과 브레이크 댄스를 접합한 춤이다. 브레이
크 댄스의 빠른 리듬에 춤을 추던 그들은 춤을 출 때만은 총질이나 칼
부림을 하지 않기로 암묵적 계약을 맺었다고 한다. 이들은 상대구역으
로 몰려가 춤으로 시위를 벌이기도 했는데, 상대의 기를 죽이기 위해
온갖 기묘한 동작을 연출하다보니 묘기에 가까운 춤동작이 나왔다고
한다. 비-보이들의 경연대회에 '배틀(battle)'이란 말이 붙은 이유도 여
기에 있다. 비-보이는 이처럼 폭력의 공포 속에서 태어나 거칠 수밖에
없지만, 평화와 안식을 갈구하고 폭력과 가난의 질곡으로부터 벗어나
려는 자유의지가 담겨졌다는 평가를 받고 있다.

비-보이는 자유분방한 옷차림으로 격렬한 춤을 추는 젊은이들을 말하
는데, 한국의 비-보이들이 세계 4대 '배틀 경연대회'에서 잇따라 우승
하는 쾌거를 이루었다. 비-보이의 춤은 이전에는 소수에 의해 거리에

서 행해진 '하위문화'의 상징이었지만 지금은 세계에 한류 열풍을 가져올 정도의 당당한 문화상품으로 인정받고 있다. 한국의 비-보이는 세계대회에서 우승한 '익스프레션', '갬블러', '라스트 포 원' 외에도 수많은 팀들이 있다.

5) 난타(nanta)

난타란 원래 마구 두드린다는 뜻이다. 난타는 한국의 전통가락인 사물놀이 리듬을 소재로 드라마화한 공연으로 한국 최초의 비언어적 공연(Non-Verbal Performance)이다. 한국적인 가락의 사물놀이를 서양식 공연 양식에 접목한 이 공연은 대형 주방을 무대로 하여 네 명의 연주자가 각종 주방기구를 가지고 연주하는 내용으로 되어 있다. 난타는 사물놀이에서 볼 수 있는 폭발적인 힘과 속도감에 주안점을 두고 있으며 리듬과 비트의 끊임없는 반복으로 구성되어 있다.

난타의 특징은 리듬과 비트, 상황만으로 구성되어 있기 때문에 언어장벽으로부터 자유로우며 세계인이 함께 공감할 수 있는 공연이다. 따라서 나라 간, 민족 간의 문화적 이질감을 벗어날 수 있는 이점이 있다. 사물놀이의 신명을 닮았으면서 현대적인 퍼포먼스가 관객의 호기심을 자극하는 난타는 세계 무대에 당당하게 맞서고 있다. 1997년 국내에서 첫 선을 보인 후 1999년 영국에서 해외 첫 공연을 거쳐 현재 뉴욕 브로드웨이 전용관까지 갖추고 수많은 관객을 유치하고 있다.

5. 태권도

1) 태권도란

오늘날의 태권도는 전 세계 현재 191개국에서 7,000만 명 이상이 수련하고 있는 세계적인 무도 · 스포츠로 성장하였으며, 2000년 시드니올림픽부터 정식 메달 종목으로 채택되어 2012년 런던올림픽에서도 정식종목으로 채택됨으로서 태권도의 우수성과 가치를 전 세계에 입증하고 한류에도 일조하고 있다.

태권도가 격투기 적이고, 파괴적인 과거의 이미지에서 벗어나 품새에 속에 내포된 정신, 심리, 체력, 호신적 가치는 물론 심미적이고, 환상적인 경연예술의 한 장르로 탈바꿈하고 있는 것이다. 품새는 동과 정의 어울림, 내면적인 힘의 외적 표현이며, 정신성의 육체화 등으로 표현될 수 있는 품새의 미학은 무도의 무도다움을 규정짓는 특성으로 인식되기도 한다.

태권도는 '무도로서의 태권도', '스포츠로서의 태권도', '예술로서의 태권도'의 가치와 득징을 가시고 있다. 무도(武道)란 무술이나 무예를 하는 무인이 지켜야 할 도리를 말하며, 스포츠(spots)란 경쟁과 유희성을 가진 신체 운동경기의 총칭으로, 스포츠는 심한 육체활동이나 연습의 요소도 포함하는 말이다. 현대의 스포츠는 경기규칙에 따라 승패를 겨루는 신체적 활동을 말한다. 예술(藝術)이란 기예와 학술을 아울러 이르는 말로 특별한 재료, 기교, 양식 따위로 감상의 대상이 되는 아름다움을 표현하려는 인간의 활동 및 그 작품을 총칭하며, 공간 예술, 시간 예술 종합 등 아름답고 높은 경지에 이른 숙련된 기술을 비유적으로 이르는 말이기도 하다.

즉 태권도는 맨몸으로 손과 발을 잘 단련하여 공방에 사용하는 무도 스포츠이며, 예술을 가미한 스포츠이다. 언제, 어디서, 어떤 폭력 상대가 무엇을 갖고 어떤 식으로 공격해 오더라도 능히 자신과 타인의 안전을 보호할 수 있는 방어법과 공격법의 기술을 체계적으로 수련할 수 있으며, 특히 정신(精神)교육을 통해 강인한 정신력을 겸비한 우리나라의 전통무도로서, 종합 스포츠 예술이다.

2) 태권도의 가치

첫째, 정신적인 면

태권도 수련에 필요한 정신의 세부 내용은, 사람과의 사귐에서 상대를 공경하는 마음, 공손하며 삼가는 말과 행동을 말하는 예의(禮儀), 체면을 차릴 줄 알며 정직하고 부끄러움을 아는 마음인 염치(廉恥), 괴로움이나 어려움을 참고 견디는 성질인 인내(忍耐), 자기의 욕망이나 충동, 감정 따위를 의지로 눌러 이김을 의미하는 극기(克己), 여럿이 마음과 힘을 합하여 혼연일치하는 협동(協同)정신 등이 있다.

둘째, 심리적인 면

태권도는 단체로 수련이 실시되기 때문에 심리적으로 적지 않은 부담을 느낄 수 있다. 평상시 잘하던 실력자라도 동료 선배 후배들이 지켜보는 가운데서 이루어지는 단체 수련과 승급 및 승품, 단 심사, 행사 및 귀빈들이 참석한 비중 있는 태권도 대회에서 종종 실수를 하는 것도 이 때문이다. 따라서 심리적 동요를 억제하고 시종일관 침착한 태도로 자신의 실력을 발휘하는 것이 중요한 과제다. 그러기 위해서는 자신의 실력에 대한 자신감이 가장 중요하다.

자신감은 경험에 의해 길러지지만 사전에 충분한 예행연습을 통해 실수의 가능성을 최대한 줄임으로써 향상시킬 수 있다. 태권도 품새 수련 시, 기합은 관중들에게 실감을 더해줄 뿐 아니라, 수련자가 심리적 안정을 도모하는 데 큰 역할을 한다.

셋째, 체력적인면

태권도 수련자에게는 체력적인 면 또한 등한시 할 수 없는 요소이다. 엄밀히 말하면 고도의 기술은 탄탄한 체력에서 비롯되며, 유연성, 민첩성, 순발력, 근력, 심폐지구력 등은 체력적 요소의 종합적인 뒷받침에 의해 기술구사력이 한층 높아진다. 만일 중요한 행사가 있다면 그에 대비한 연습계획이 수립되어야 하며, 연일 계속되는 강도 높은 시범훈련을 무난히 견딜 수 있는 체력이 뒤따라야 한다. 하지만 피로가 누적되어 중요한 행사 당일 컨디션에 영향을 미치지 않도록 무리한 연습은 피하는 것이 좋다.

넷째, 기술적인 면

종합적인 태권도의 기술면은 태권도의 전체적 구성내용을 이루는 주된 요인으로서 태권도 기술의 전반적요소를 참작한 내용으로 정해져야 한디. 대권도의 진문 수련자라면 통상의 태권도 기술과는 나른 내권도를 위한 특별 훈련 시간을 가져야 한다. 기술적 역량이 뛰어날수록 더욱 많은 효과를 거둘 수 있기때문이다. 기술적 구성은 내용과 특성이 다른 기본동작, 연합동작, 품새(공인 품새, 창작 품새), 약속겨루기, 겨루기(경기겨루기, 실전겨루기), 호신술, 격파, 태권무, 태권 에어로빅, 태권체조, 훈련과정, 경호무술 등으로 구분된다.

진정한 의미에서 태권도가 한류의 원조가 아닌가 하는 생각도 한다. 한류라는 말이 생겨나기 훨씬 이전부터 태권도는 세계 각국에 진출해 우리의 고유 무술과 한국문화를 전파하는 선봉장 역할을 해온 것이다.

그런 의미에서 전북 무주에 조성하고 있는 '태권도원'은 태권도의 종주국으로서 한국의 위상을 다시 정립하고, 한류문화의 한 축으로서 태권도가 새롭게 자리매김할 계기가 될 것이라 생각한다.

6. K-뷰티

미국시장에서 입지를 점점 넓혀가고 있는 'K-뷰티', 한국화장품이 온라인 유통을 적극적으로 활용하며 시장을 확대해 나가고 있다. 성공적인 시장 안착을 위해서는 신선함과 다양성으로 승부하며 유통망 확대를 위해 전략적으로 접근해야 한다는 조언이 나왔다.

최근 코트라 실리콘밸리 무역관이 발표한 보고서에 따르면 한국 화장품의 미국 수출은 지난해 상반기 6,900만 달러 규모로 전년대비 약 44%가 증가했다. 높은 품질력과 합리적인 가격으로 입소문을 탄 것은 물론, 드라마와 영화, K-Pop 등 한류 영향으로 홍보효과를 얻은 것도 한 몫 했다는 분석이다. 현재 오프라인 매장으로 미국 시장에 진출한 한국 화장품 기업은 지난 2011년 닥터자르트가 대형 화장품 유통업체인 세포라에 한국기업 최초로 BB크림을 판매한 것을 시작으로 아모레퍼시픽, LG생활건강 빌리프, 조성아 22, 터치인솔, 에르보리안, 토니모리 등이 판매 중이다.

아모레퍼시픽은 고가 제품 라인인 고급 백화점에서, 라네즈는 타겟에서 판매 중이며 이 외에도 스킨푸드, 더 페이스샵, 네이처리퍼블릭, 토니모리 등 중저가 브랜드들도 미국 내 곳곳에 단독매장을 운영 중이며 특히 최근에는 온라인을 통한 판매가 활발해지고 있는데, 한국 화장품

시장 확대를 위한 핵심 채널로 주목받고 있다. 세포라 등 화장품 유통업체들의 자체 온라인 매장은 물론 아마존, 이베이 등에서도 구입이 쉬워졌다.

아마존닷컴은 지난 7월 뷰티 섹션에 '코리안 뷰티(Korean Bearty)' 기획전을 열고 자체적으로 한국 화장품을 판매하는 다양한 셀러들의 상품을 모으며 한국 화장품의 인기를 확인시켜준 바 있다. 한인 여성들이 설립하고 운영하는 온라인 멀티샵들도 인기다. 'Solo Glam', 'Peach and Lily', 'Glow Recipe' 등이 대표적으로, 이들 멀티샵은 사용자들의 실시간 리뷰와 소통이 가능하거나 한국식 화장법을 공유해 눈길을 끌기도 하고 자연주의 컨셉의 무알콜, 유기농 화장품을 취급하는 등 저마다 차별화된 전략으로 승승장구 중이다.

특히 품질력을 인정받았으나 오프라인 매장에 진출하지 못한 중소기업 제품들을 다양하게 소개해 한국 화장품의 인지도 확대에 기여하고 있다는 평이다. 전문가들은 미국 시장에서 한국 화장품은 신선함과 새로움, 그리고 다양성으로 접근해야 하며 제품의 기능과 가격에 맞는 타깃 소비자층을 선정한 후 콘셉트와 이미지를 부각시키는 집중적인 이미지 마케팅 전략이 필요하다고 조언했다.

7. 한류 드라마와 한국영화

한국 드라마가 일본에 한류열풍을 일으킨 직접적인 계기가 드라마 〈겨울연가〉의 남자주인공 배용준 때문이었다고 해도 과언이 아니다. 그의 여성스러운 외모와 따뜻하고 자상한 분위기를 자아내는 연기는 일본 여성들의 심금을 울리고 낭만적 환상을 만들어내었기 때문이다. 드라마 〈대장금〉, 〈주몽〉, 〈내 이름은 김삼순〉, 〈커피프린스 1호점〉 등도 한류의 영향으로 많은 호응을 얻었다. 그리하여 중국, 베트남, 필리핀 등지에서도 한국 드라마와 드라마 주인공에 열광하는 극성팬들도 늘어나고 있는 실정이다. 이러한 현상은 개인적 취향이라기 보다는 사회현상의 변화로 볼 수 있다.

한류 열풍은 한국 드라마 뿐 아니라 한국 영화 산업에도 지대한 영향을 주고 있다. 문화 수입국이던 한국이 이제는 문화 수출국 대열에 당당하게 나서고 있다. 또한 세계 영화제에서도 인정받는 수상작품들을 많이 만든다는 것은 세계 속에 한국의 위상을 높일 뿐 아니라 한국민들의 자긍심을 높이는 일이기도 하다.

한국 영화는 1980년대 후반부터 새로운 도약기를 맞아 국제 영화제에서 작품상, 여우주연상, 감독상 등을 수상하였다. 1993년에 상영되었던 임권택 감독의 〈서편제〉는 관객 100만 명을 돌파하는 신기록을 세웠으며, 이때부터 해외에 한국 영화 수출의 길이 열렸다. 〈쉬리〉, 〈공동경비구역 JSA〉, 〈취화선〉 등의 영화도 동남아를 비롯해 해외에서 좋은 반응을 얻었다. 2000년대에는 〈실미도〉, 〈태극기 휘날리며〉, 〈왕의 남자〉, 〈괴물〉 등이 천만 관객을 넘었다. 또한 이창동 감독의 〈오아시스〉와 〈밀양〉, 박찬욱 감독의 〈올드보이〉는 베를린영화제나 칸영화제 같은 권위있는 국제영화제에서 감독상, 심사위원대상, 여우주연상을 수상하기도 하였다. 이제 우리는 한국을 빛낸 드라마, 영화, 감독, 배우 등의 이름을 역사책에서도 볼 수 있게 되었다.

영화계, 한류 최강군단이 LA에도 상륙했다. 2015년, 한류의 할리우드 진출 소식으로 각종 매체들에서 화제인 'BAO Story Production'은 젊은 전문 경영인 체제로 조직 정비를 마치고 현재는 할리우드 광고와 마케팅을 진행하고 있는 'Design & Art Entertainment'와 지주경영 협의를 마쳤다. 영화제작 전문인들을 필두로 비즈니스 컨설팅 회사의 대표를 CEO로 스카우트 하기 시작하여 광고 마케팅 회사의 대표를 CEO로 영입하며 주목을 끌었던 'Bao Story Production'은 금융회사의 대표를 CEO로 선임하면서 최고의 컨디션을 자랑했다.

2년여간의 제작 준비기간을 거쳐 야심 차게 준비해온 'Phyllis'와 'Miracle'은 2016년 하반기 개봉을 앞두고 올 11월부터 미국과 캐나다에서 크랭크인한다. 2017년 방학시즌을 맞아 개봉할 'Revenge Of The Shadow'도 올 12월에 크랭크인을 한다는 소식으로 기대를 모으고 있다. 또한, 'BAO Story Production'은 한류 스타, 작가, 감독들의 할리우드 영화시장 진출을 도우며 신예들을 육성할 목적이며 새로운 투자시장을 개척 및 확보하는 것에 주력하고 있다고 한다.

이에 발맞추어 할리 베리 등의 할리우드의 유명에이전시인 VCA의 빈센트와 거물급 프로듀서인 벤아브와 손잡고 한국의 영화인들과 헐리우드 영화계의 다리역할을 위한 만반의 준비를 마쳤다는 기쁜소식이다. 아울러 현재 프리프로덕션 단계에 있는 '할리우드 블록버스터' 3편에 대한 투자유치도 함께 추진하여 10월 12일부터 저예산부터 블록버스터 등급 영화까지 총 6편의 할리우드 영화 투자유치의 진행을 공식발표했다. 10월초부터 새로운 투자처를 모색하는 한인들에게 그동안 힘들었던 할리우드 영화산업 투자 기회의 문을 열어준다고 하니 영화를 사랑하고 투자를 원하는 이들은 반드시 주목할 만하다.

8. 비빔밥

비빔밥은 한국의 전통음식 중의 하나로서 밥 위에 고기와 여러 가지 나물, 양념을 넣어 섞어 비벼 먹는 밥의 일종이다. 하얀 쌀밥 위에 콩나물, 도라지, 버섯, 호박 등을 비롯한 계절에 따른 갖가지 나물과 다져서 볶은 고기를 가지런하고도 멋스럽게 얹어 손님상에 내놓으면, 먹는 이는 빨간 고추장과 깨소금, 참기름 몇 방울을 취향대로 더하여 옆에서 보기만 해도 침이 꼴깍 넘어가는 먹음직한 비빔밥을 손쉽게 완성하게 되는 것이다.

일반적으로 한국의 음식문화의 주요한 특징을 발효 음식, 양념 음식, 반찬의 다양성 등 세가지라고들 한다. 그런데, 비빔밥 속에는 발효 음식인 고추장도 들어가고, 다양한 양념도 한 그릇 속에 다 들어 있으니, 그야말로 바쁜 현대인들이 "대표적인 웰빙 식품"이라 꼽기에 손색이 없다. '좋은 음식'이란 모름지기 "건강에 도움이 되고, 맛 좋고, 보기 좋은 음식"이라고 할 수 있겠는데, 이런 기준에서 볼 때에도 '비빔밥'은 여전히 첫째로 꼽을 만한 '좋은 음식'이라 할 수 있다.

이 비빔밥의 유래는 바쁜 농사철에 농촌 아낙네들이 논밭에서 일하는 남정네들에게 들밥을 내어가면서, 밥은 큰 양푼에 푸고 반찬은 사람 수대로 바가지에다가 나물을 듬뿍 담아 내면서, 일하던 사람들은 각자의 바가지에 밥과 고추장을 덜어 넣어 나물과 함께 비벼서 먹었던 것이 그 기원이라는 것이다. 한편으로는 우리의 세시 풍속 중에 섣달그믐날 부엌 찬장에 남은 반찬과 찬밥들을 그대로 해를 넘기게 되면 부정 탄다고 믿었기 때문에 이날 밤에는 남은 밥에 반찬을 모두 넣고 비벼서 밤참으로 나누어 먹는 습관이 있었는데, 이러한 풍습이 비빔밥이라는 독특한

식단으로서 정착된 것이 아닌가 생각된다.

19세기 말에 발간된 『시의 전서』라는 책에 의하면, 실용적인 서민의 음식이었던 비빔밥이 일반 서민들은 물론 차츰 상류층과 궁중에까지 전파되면서 재료나 조리방식이 고급화된 것을 알 수 있는데 비빔밥이야말로 영양과 맛, 재료나 조리법이 모두 큰 부담이 없었기 때문에 "먹는데에 귀천이 없다"는 것을 보여주는 온 백성의 애호음식이 되었던 것을 알게 해주는 듯하다.

지방에 따라 비빔밥의 종류도 매우 다양해져 왔는데, 그 중에서도 가장 명품으로 꼽히는 것은 전주비빔밥이다. 계절에 맞게 정성들여 준비하는 스무 가지가 넘는 재료에다가 개운한 물김치와 시원한 콩나물국 따위를 곁들이기 때문에 먼 곳 사람들도 일부러 그 맛을 보고자 찾아가곤 하는 것이 바로 전주비빔밥이라 한다.

비빔밥은 한국의 문화를 상징하는 우리 음식이다. 비빔밥이 맛있는 이유는 여러 가지가 있겠지만, 첫째는 참기름이다. 비빔밥에는 밥, 나물, 고기, 고추장이 들어가는데 이 모든 재료가 한데 잘 어우러질 수 있도록 융화시키는 역할을 하는 게 비로 참기름이다. 그래서 제내로 뇐 비빔밥은 나왔을 때, 다른 재료들의 향기와 더불어 잘 조화를 이룬 참기름 냄새가 후각을 자극 해 식욕을 돋운다.

둘째는 시각과 청각적 요소이다. 온갖 꽃이 흐드러지게 피었을 때 우리는 오색찬란(五色燦爛)이라고 한다. 여러가지 고명이 조화를 이룬 모습은 보는 이로 하여금 저절로 찬탄을 불러일으키며 비빌때 비비는 소리를 자신의 촉각을 사용해 비비는 순간의 느낌을 직접 몸으로 느껴야 즐겁다. 특히 돌솥비빔밥은 지글지글하는 소리도 나고, 소리가 나게 그렇게 비벼야 제대로 비비는 것이다.

그 다음에 맛을 보는 거다. 실제 맛을 보는 미각을 맨 나중에 느낀다. 이렇게 비빔밥은 오감을 모두 만족시킬 수 있는 음식인 것이다.

물론 오감만족이라는 말처럼 감각적인 면도 있지만, 사실 비빔밥이라는 것은 한국문화를 상징하는 코드처럼 읽을 수도 있다.

9. 패션

1997년 IMF를 겪으며 파리 전시회에 처음으로 참여했을 때 한국의 국가 브랜드는 세계인들에게 널리 알려지지도, 영향을 끼치지도 못했다. 외국의 바이어나 기자들에게 한국은 참 생소한 나라였다. 패션은 단지 옷을 파는 사업이 아니라 문화적으로도 접근이 되어야 하는 사업이다. 그래서 국가 브랜드의 가치가 약했던 그때는 한국의 패션도 그들에게는 전혀 이슈가 되지 못했다. 한국에 대해 알지도 못했을 뿐더러 패션을 선도하며 함께 만들어 나가는 나라가 아니라, 제품을 주문에 따라 만드는 공장형 패션산업을 해 나가는 곳이라는 인식이 있었다.

그들에게 우리의 잘 알려지지 않은 찬란한 역사는 큰 관심을 끌지 못했지만 각계 각층의 노력과 한류사업의 지속적인 추진으로 인하여 현재는 많은 것들이 바뀌어 가고 세계의 많은 사람들이 한국의 문화를 접하고 흥미를 가지게 되었다.

그 문화적인 흥미와 친근감은 분명 패션에도 많은 영향을 미치고 있다. 물론 한국 패션계의 노력은 한국 패션의 발전을 위하여 끊임없이 이어져 왔다. 개인적인 노력들이 정부 차원의 한류 진흥정책과 시너지 효과를 일으켜서 현재 한국의 패션은 일본이나 중국으로 대표되던 아시아 패션계에 새로운 바람을 일으키고 있다. 많은 해외언론들이 단순히 의상뿐 아닌 패션 디자이너와 그 뒤에 있는 한국적인 문화의 배경이나 정신적인 부분에 대한 관심이 많아졌다.

2006년 한-불 수교 120주년 기념으로 Who's Next란 패션 박람회에서 처음으로 한글을 선보였을 때, 외국의 기자와 바이어들은 한글을 단순히 한국의 문자, 새롭고 아름다운 형상으로 인식했다. 하지만 연구를 통해 패션분야에서 한글의 디자인적인 노출을 계속하고, 런던의 빅토리아 앤드 앨버트 뮤지엄(Victoria & Albert Museum)에 영구 전시되어 있는 도자기 콜라보레이션 같은 산업디자인 분야의 작업을 계속함으로써 한글 디자인은 많은 관심을 받고 있다. 런던올림픽 기념 패션쇼에서 단청 문양, 산수화, 한글, 보자기 등 한국의 전통 문화적인 요소들을 패션으로 선보였을 때도 한국의 패션과 문화에 대해 더 많은 관심과 호응을 받았다. 패션과 한류의 결합은 많은 시너지 효과를 내고 있다.

패션은 단지 옷에만 국한되는 것이 아니라 전반적인 라이프 스타일을 아우르는 분야이다. 한 분야만이 아닌 한국 스타일이 세계인들에게 흡수되 있을 때 그들은 한류라는 문화 콘텐즈를 직접적으로 체험하고 느끼면서 한류에 대한 더 많은 애착을 가지게 되는 것이다.

국내·외의 여론도 한국문화가 이렇게 외국에서 인정받고 각광받는 것에 대하여 놀라워하고 지켜보고 있으며, 우리 스스로도 대한민국이 이제 문화강국이 될 수 있다는 자부심을 가지게 된 것 같다. 비단 패션을 떠나서 K-Pop, K-Movie 등 한국의 전반적 문화들이 세계인들에게 보여지고 영향을 끼침으로써 그들이 한류에 더욱 열광하는 날도 그렇게 멀지 않다고 생각한다. 그래서 앞으로의 한류가 더욱 기대된다.

이상봉 패션 디자이너 글에서

10. K-게임

K-Pop이 '열풍'이라면 K-게임은 '광풍'이다. 얼마 전 한국의 게임 수출액이 'K-Pop'의 11배, 한국영화의 132배에 달한다는 통계가 나와 화제가 됐다. 그동안 게임 수출액이 많다는 것을 막연히 알고만 있다가 다른 콘텐츠 업종과 직접 비교되자 '게임한류'가 최근 더욱 재조명을 받고 있다.

한국 게임의 미주 공략사는 한국 온라인 게임의 진출사라고 볼 수 있다. 미국에서 온라인 게임이 처음 출시되고 미주에 온라인 게임시장이 형성되는 시점에 맞춰 한국 온라인 게임들이 미국에 상륙했기 때문이다. 넥슨과 엔씨소프트가 90년대 후반에서 2000년대 초반 온라인 게임 불모지였던 미국에 진출을 시도한 것이 미국시장 개척의 시작이라고 할 수 있다.

넬슨 등 일부 게임회사들은 1990년대 말 미국에 지사를 설립하고, 퍼블리싱 라이센스 등의 형태로 한국에서 성공한 게임 '바람의 나라', '리니지' 등의 게임을 미주에서 서비스하기 시작했지만 미국시장에 대한 마케팅 경험 부족으로 실패를 경험하게 된다.

1997년 가장 먼저 실리콘밸리에 진출한 넥슨은 몇 가지의 게임을 서비스하다가 결국 2004년 미국 시장에서 완전히 철수하게 된다. 2000년 미국 현지 법인을 설립한 엔씨소프트의 '리니지' 또한 한국에서의 큰 성공과 달리 범작 수준의 매출을 기록하는데 그친다. 하지만 엔씨 소프트는 2001년 개발사인 NC 오스틴을 설립하고, 2002년 개발자들로 구성된 미국 아레나넷을 인수했으며 미국 개발사인 크립틱 스튜디오의 시티오브히어로를 퍼블리싱하면서 한국 온라인 게임과 온라인 게임사에 대한 미국시장의 관심을 끌어올렸다.

이후 한국 게임의 미국시장 진출은 미국내 초고속 인터넷 보급 확대를 기반으로 서서히 증가하게 된다. 한국 외 아시아 시장에서 성공을 이룬 웹젠 등의 개발사들이 해외 라이브 서비스 경험과 현지화 경험을 바탕으로 미국시장에 진출하면서 2000년대 중반 한국 온라인게임의 미국 진출 러시가 다시 시작된다.

2000년대 중반 한국 게임사의 미국 진출은 일부작품의 대성공으로 인해 미국시장의 온라인 게임에 대한 이해와 이용자가 크게 증가한 것에 힘을 얻어 재점화됐다. 이에 한국의 온라인 게임업체들의 미국 진출은 줄을 잇는다.

2000년대 후반에는 '크로스파이어'의 개발사 스마일게이트와 꾸준한 실적을 거두고 있던 KOG가 미국시장 진출 대열에 합류한다. 최근에는 게임빌, 컴투스 등 한국의 대표 모바일 게임 회사들도 직접 진출해 성공적으로 퍼블리싱 사업의 범위를 넓혀가고 있다.

일부 기업의 진출과 부분적인 성공에도 불구하고 한국 게임 기업의 미국 진출 장벽은 여전히 높았던 것이 사실이다. 하지만 선불카드를 통해 미국내 소액결제 분야의 선두업체로 자리 잡은 넥슨 등 초창기 미국 진출 업체들은 지속적인 인프라 구축과 시장 개척으로 후발 진출업체들의 길을 열어줬으며, 진입장벽이 높은 미국내 게임시장에서 한국의 온라인 게임 영토도 넓혀가고 있다.

또한 미주 게임시장에 변화의 바람이 일고 있다. 전통적인 강세였던 비디오게임 시장 점유율이 줄어드는 대신 온라인게임과 모바일게임 시장이 점차 확대되는 추세다. 미국에 진출한 한국 게임도 초창기 온라인 게임을 발판으로 최근에는 모바일 영역은 물론 할리우드 스크린으로까지 시장을 넓히고 있어 주목된다.

유력 게임시장 전문 조사기관인 '뉴주(Newzoo)'의 최근 조사에 따르면, 올해 세계 게임 시장 규모는 지난해의 836억 달러보다 9.4% 성장한 915억 달러에 이를 것으로 추산됐다. 또 한국콘텐츠진흥원의 '게임 시장 동향 및 전망' 보고서에서는 올해 세계 게임 시장 규모를 1,300억 달러로 전망했다.

세계 게임시장에서 최대 인구 보유국인 중국과 함께 1, 2위를 다투는 국가가 바로 미국이다. 그렇기 때문에 한국 게임회사들도 중국과 함께 가장 '눈독'을 들이는 곳이다. 한 조사에 따르면 올해 미주 게임 시장 규모는 220억 달러로 추산된다.

'게임 인구'가 전체인구의 반 이상인 1억 8,490만 명에 육박하고, 이 중 59% 또는 1억 1,000만 명이 게임을 위해 돈을 쓰며, 1인당 연간 200.15달러를 쓴다. 게임을 위해 1인당 쓰는 돈이 세계에서 가장 많은 것이다. 이같은 이유들로 미주 시장은 '글로벌화'의 관문으로 여겨지며 장벽 높은 시장에서 한국 기업들이 성공한다는 것은 그 의미가 남다를 수 밖에 없다.

형제 모바일 게임 업체 게임빌과 컴투스는 최근 미국에서 모바일게임 한류 전파에 박차를 가하고 있다. LA비즈니스저널에 따르면 컴투스의 미국 시장의 입지는 현재 급상승하고 있다. 컴두스는 지난해만 약 2억 1,600만 달러의 수익을 올려 재작년보다 188%나 증가했다. 특히 자체 개발한 게임인 '서머너즈워'의 미국 내 사용자가 급증한 것이 큰 영향을 미쳤다.

가파른 성장세로 미국 모바일 게임 시장에서 입지를 굳히고 있는 게임빌과 컴투스는 LA 인근 엘세군도에 미주법인을 두고 LA지역을 미국

시장 공략을 위한 전초기지로 삼고 있다. 특히 최근에는 한국 게임의 할리우드 진출도 눈에 띄는 부분이다.

게임 한류는 그간 PC온라인게임이 주로 이끌어왔지만 최근 몇 년 사이 모바일게임의 활약이 두드러지고 있다. 영화의 본고장인 할리우드로 진출한 게임의 활약도 주목 대상이다. 한국 게임이 할리우드 제작 기술과 결합하면 새로운 흥행코드로 자리 잡을 잠재력이 있다는 평가도 나온다.

PART 03
지구촌 한류

1. 한국인의 술과 가무문화

한국인들은 술을 마셔도 적당히 마시지 않는다. 그래서 세계에서 많이 팔리는 술 1위와 3위가 한국소주라고 한다. 한국의 술문화는 한 번 발동이 걸리면 '내일은 없다'는 식으로, 흡사 지금 있는 술을 다 마시고 죽자는 식으로 마셔댄다. 한국인들은 에너지가 넘치기 때문에 무슨 일을 하든 적당히 하지 않는다. 꼭 끝장을 보아야 하는 사람처럼 극단적으로 행동하는 경우가 많다.

한국인들은 또한 놀이에 강한 사람들이다. 그래서 술을 마실 때에도 재미있게 마시려고 노력한다. 또한 어떻게 하면 '빨리 취해서 그 상태로 재미있게 오래 계속해서 마실 수 있는가'에 대해 연구를 거듭한 사람들처럼 보인다. 이러한 과정에서 나온 것이 폭탄주이다.

한국의 술 문화에서 가장 많이 발달한 것은 폭탄주 문화일 것이다. 이것은 한국인들이 발명한 폭탄주 종류를 보면 알 수 있다. 한국인들이 만들어낸 폭탄주 종류는 정확한 숫자는 알 수 없지만 50가지 이상은 되는 것 같다. 폭탄주의 원조는 물론 미국이다. 미국의 폭탄주 'boiler maker'가 한국에 들어와 화려한 변신을 한 것이다. '쌍끌이 주', '타이타닉 주', '타워 팰리스 주', '도미노 주' 등 폭탄주의 변형은 끝이 없다. 심지어 '성화봉송 주'라는 이름의 폭탄주까지 등장했다.

이렇게 다양한 방식으로 술을 마시기 때문에 한국인의 술자리는 대단히 재미있다. 대신에 진지한 대화가 없다. '흥청망청'의 흥만이 넘실거릴 뿐이다. 이런 모습은 젊은이들 에게서도 어김없이 발견된다. 한국 대학생들은 집단적으로 MT(meeting)를 많이 가는데 말이 MT이지 내용은 술 먹고 노는 것이다. 학생으로서 진지한 대화는 없고 그저 술 먹다 흥이 나면 집단 게임을 한다. 이처럼 MT는 술 먹고 게임하는 것을 계속 반복하는 식으로 진행된다.

이렇게 진행되다 술기운이 거나하게 올라오면 한국인들은 그 다음에 반드시 하는 것이 노래다. 한국인들은 노래하면 사족을 못쓴다. 노래를 안 하면 흥이 안난다고 생각하는지 한국인의 일상문화 가운데 노래방에서 노래하는 일을 빼어 놓을 수 없다. 한국인들은 마치 노래방 기계가 발명되기만 기다렸던 민족처럼 노래방을 좋아한다. 이 노래방 기계, 즉 가라오케 기계는 1990년대 초에 일본에서 우리나라로 수입되었는데 들어온 지 6개월 만에 전국에 모두 퍼졌을 정도로 새로운 문물이 이렇게 빠른 속도로 퍼지는 것은 흔한 일이 아니다.

남한 전역에 노래방이 깔려 있는 것은 말할 것도 없고 해외에도 한국인들이 많이 있는 곳에는 노래방 없는 곳이 없다. 북한에도 노래방이 많았으나 자본주의에 물든다하여 대부분 문을 닫았다. 2013년 전국에 있는 노래방은 대체로 4만 개 정도에 육박한다고 한다. 그러나 그것은 노래방 숫자가 그렇다는 것이지 식당에 있는 노래방 기계나 개인이 갖고 있는 노래방 기계, 그리고 관광버스들에 장치되어 있는 것들까지 합치면 도대체 전국에 노래방 기계가 몇 개나 있는지는 아무도 모른다.

어떤 통계에 따르면 노래방에서 노래하는 한국인은 하루에 190만 명에 달한다고 한다. 그러니까 매일 밤 약 200만 명에 달하는 한국인들이 노래방 속에서 감정을 발산하면서 소리를 '질러대는' 것이다. 이것은 전 국민의 4%에 달하는 것이니 결코 적지 않다.

사정이 이러하니 시내에서 노래방을 발견하기란 아주 쉽다. 노래방 기계는 일본인들이 발명했지만 정작 일본에 가면 노래방을 발견하기가 쉽지 않은 것은 노래를 그리 즐기지 않기 때문이다.

한국의 노래방들은 요일이나 시간을 불문하고 항상 영업을 하며 심지어 일요일 밤에도 영업을 한다. 일요일 밤 늦게 서울 시내 유흥가를 돌아다녀 보면 웬만한 노래방 혹은 노래 주점들은 불이 꺼진 데가 없이 모두 장사를 하고 있는 것이다. 주일 저녁은 다음 날 출근을 위해 일찍 자야 하는데, 신명으로 똘똘 뭉친 한국인들에게는 그게 안 통하는 것이다. 한국인들은 일요일 밤 늦게까지 노래를 해야 직성이 풀리는 사람들인가 보다.

타고난 흥으로 한국인들은 신명이 넘쳐나니까 관광버스 안에서도 춤을 추어야 한다. 흔들거리는 관광 버스의 그 좁은 복도에서 춤을 몇 시간이고 추는 사람은 전 세계에서 한국인밖에 없을 것이다. 그래서 한국의 관광버스 중에는 복도에 철판을 하나 더 까는 차도 있다고 한다. 여행을 시작해서 끝날 때까지 사람들이 계속해서 복도위에서 뛰어대니 잘못하면 복도가 가라앉을 수 있어 철판을 깐다는 말도 있다.

라디오 노래방도 마찬가지이다. 방송국에서 노래 반주를 틀어주면 전화기에 대고 노래하는 민족이 한국인이다. 이 노래방도 시간을 가리지 않을 성노로 흡사 선 사회가 노래로 비쳐 돌아가는 것 같은 느낌이 들 정도이다. 그러나 이런 신명이 세련되면서 전 세계적으로 통하는 수많은 한류 가수들을 만들어냈다는 것을 잊어서는 안 된다. 그러다 드디어 '싸이'에서 작은 결실을 보게 된 것이라고 보여진다.

2. 지구촌 한류 현황

한국 국제 교류 재단에서 발행한 자료에 의하면 전세계 96개국을 대상으로 조사한 결과다. 78개국에 한류 동호회가 987개가 조직되었으며 나날이 증가하는 추세다. 2013년 7월 기준으로봐 전체 회원 수가 약 900만 명에 이른다고 한다.

지역별 한류 동호회를 보면 아시아 대양주 지역 234개에 약 680만 명이 관여하고 있다. 그 다음이 아메리카 지역으로 464개 조직에 125만 명이 참여하고 있다. 이어서 유럽 지역에 213개 약 117만 명이 소속되여 있고 끝으로 아프리카 중동 지역에 76개 모임에 약 6만 명이 관여한 것으로 통계에 나타나고 있다.

한류 동호회 증감현상을 2012년과 2013년을 비교해 보면 아시아 대양주 국가에서는 약 3%가 증가 되었고 아메리카 지역 국가에서는 81%가 증가 되었다. 유럽지역은 67% 확대 되었고 아프리카 중동 지역 국가에서는 47%가 증가 되었다.

각국의 한류 확산, 일반정보 및 문화 그리고 개요는 제2편에서 볼 수 있다.

지역별 한류 동호회 현황

한국 국제 교류재단 자료 2015년

아시아 · 대양주		아메리카		유럽		아프리카 · 중동	
네팔	1개	과테말라	43개	그리스	1개	가나	0개
뉴질랜드	1개	니카라과	6개	네덜란드	5개	나이지리아	1개
대만(타이뻬이)	5개	도미니카(공)	9개	노르웨이	3개	남아공	3개
라오스	0개	멕시코	78개	덴마크	0개	레바논	0개

아시아 · 대양주		아메리카		유럽		아프리카 · 중동	
말레이시아	6개	미국	34개	독일	14개	르완다	0개
몽골	8개	베네수엘라	85개	라트비아	0개	리비아	1개
미얀마	1개	볼리바아	16개	러시아	17개	모로코	7개
방글라데시	2개	브라질	37개	루마니아	13개	바레인	0개
베트남	30개	아르헨티나	22개	벨기에	3개	사우디아라바아	1개
브루나이	9개	에콰도르	48개	벨라루스	13개	세네갈	0개
스리랑카	1개	엘살바도르	44개	불가리아	4개	수단	0개
싱가포르	7개	온두라스	5개	세르비아	3개	아랍에미리트	13개
아프가니스탄	0개	우루과이	8개	스웨덴	4개	알제리	7개
인도	14개	자메이카	3개	스위스	1개	에티오피아	1개
인도네시아	17개	칠레	79개	스페인	9개	예멘	0개
일본	56개	캐나다	21개	슬로바키아	4개	오만	0개
중국	63개	코스타리카	25개	아일랜드	4개	요르단	1개
캄보디아	7개	콜롬비아	20개	아제르바이잔	1개	우간다	0개
태국	55개	트리니다드토마고	1개	영국	9개	이라크	1개
파키스탄	0개	파나마	98개	오스트리아	2개	이란	0개
파푸아뉴기니	0개	파라과이	6개	우즈베키스탄	7개	이스라엘	6개
피지	0개	페루	114개	우크라이나	10개	이집트	23개
필리핀	11개			이탈리아	5개	카타르	0개
호주	16개			체코	2개	케냐	2개
				카자흐스탄	2개	쿠웨이트	1개
				크로아티아	1개	튀니지	5개
				타지키스탄	0개		
				터키	17개		
				포르투갈	6개		
				폴란드	3개		
				프랑스	30개		
				핀란드	1개		
				헝가리	112개		
310개		804개		306개		73개	

지금은 세계 한류 동호회의 모임이 더욱 확대 되었으리라 본다.

3. 대북방송과 남북대화

다음 글은 중앙일보 장혁진 기자의 글이다.

지난 25일 타결된 남북 고위급 접촉에서 북한의 유감 표명을 끌어낸 일등공신은 '대북 확성기 방송'이었다. 대북 방송은 국방부 직할 부대인 국군심리전단이 맡고 있다. 확성기 방송을 비롯해 '삐라'라고 불리는 전단 살포 등 대북 심리전과 관련된 모든 작전을 전담하는 조직이다. 이윤규(59 · 예비역 대령 · 육사 34기) 합동참모본부 심리전 정책자문위원과 심리전 부대에서 37년간 복무한 황선천(60) 전 국군심리전단 주임원사에게 대북 확성기 방송의 내용과 효과 등을 물었다.

이번 확성기 방송은 ▶ 북한 체제 및 김정은 비판 ▶ K-Pop 등 음악방송 ▶ 대한민국의 체제 우월성 홍보 ▶ 민족 동질성 강조 ▶ 날씨 등 실생활 뉴스로 구성되었으며 전체 방송에서 각각 20%씩이었다고 한다. 이윤규 위원은 "특히 현영철 인민무력부장 총살 소식은 북한 군인들에게 큰 충격으로 다가왔을 것"이라고 말했다. 인민무력부장은 우리의 국방부 장관에 해당하는 북한군의 '정신적 지주'인 만큼 그들의 마음을 흔들 수 있는 뉴스라는 것이다. 이 위원은 "중국의 개혁 · 개방 뉴스와 태풍 '고니'의 북상 소식도 모든 정보가 차단된 북한 군인들이 관심을 가질 내용"이라고 설명했다.

음악방송의 내용도 대대적으로 개편됐다. 과거에는 나훈아의 '고향

역', 태진아의 '사모곡' 같은 흘러간 옛 노래를 트는 경우가 많았다. 고향에 대한 향수를 일깨우거나 민족적 정서인 효(孝)를 강조하는 노래가 심리적 동요를 일으킬 것으로 판단했기 때문이다. 하지만 요즘은 아이유의 '마음'과 빅뱅의 '뱅뱅뱅' 등 최신 가요를 많이 틀었다.

이 위원은 "북한의 2030 세대에겐 파급력이 강했을 것"이라고 말했다. 휴전선에 배치된 북한의 젊은 군인 대부분이 고난의 행군시기 (1996~2000년)에 유년시절을 보냈다. 동네 장마당에서 꽃제비(어린 노숙자)로 연명한 이가 많아 '장마당 세대'라고도 불린다. 이 위원은 "몰래 거래되는 한국 대중가요 테이프, 드라마 DVD등을 접해 한국에 대한 호기심이 많고 북한 당국에 대한 불만이 커 K-Pop으로 그들을 효과적으로 자극할 수 있다"고 했다.

휴전선엔 당 간부 자녀들이 주축인 민경대원도 2만 명 가량 있는 것으로 추정된다. 황선천 전 주임원사는 "이들은 한국 드라마와 제품을 선호하는 부모들 밑에서 자라 한류 문화에 익숙하다"며 "향후 북한의 '고급 인력'이 될 민경대원들의 심리전 노출은 북한 정권에 미래의 위협으로 다가왔을 것"이라고 설명했다. 대북 확성기 방송이 재개되자 북한이 '방송 중단'에 사활을 건 배경이다.

이 위원과 황 전 주임원사는 대북 확성기 방송이 활발히 이뤄지던 2004년 이전의 일화들도 꺼냈다. 이 위원 등은 "김일성 사망 직후인 1994년부터 97년까지 확성기 방송을 듣고 귀순한 병사가 한 해에 서너 명에 달했다"고 전했다. 당시 한 귀순 북한 병사는 우리 군의 신문 과정에서 "농구선수 이명훈이 미국에서 뛴다고 대북 방송에서 들었는데 사실이냐"고 되물었다고 한다. 이명훈은 90년대 후반 미국프로농구(NBA)에서 입단 제의까지 받았던 장신 농구선수다. 황 전 주임원사는 "공화국

영웅으로 떠받들어졌던 선수가 북한이 주적(主敵)으로 간주하는 미국에서 뛴다고 하니까 충격을 받았던 것 같다"고 말했다.

또 귀순 병사들은 최진희의 '사랑의 미로', 주현미의 '짝사랑' 등 대중가요를 줄줄 외우고 있다고 한다. 2002년 월드컵 당시엔 전 경기를 확성기로 생중계했는데 한국 선수들이 골을 넣으면 북쪽에서 '와' 하는 함성이 들리기도 했다. 황 전 원사는 "2000년대 초반 '이 밤을 즐겁게'란 음악방송이 있었는데 이 방송을 진행하던 '민지(여성 심리전 요원이 쓰는 가명)'를 만나고 싶다고 한 북한 병사도 있었다"고 했다.

이 위원과 황 전 주임원사는 이번에 대북 확성기 방송의 효과가 증명된 만큼 2004년 6월 대북 방송 중단으로 축소됐던 심리전 조직의 인력과 기능을 확대해야 한다고 말했다. 황 전 주임원사는 "현재 국군심리전단의 지휘관은 대령급이라 군내 위상이 약하다"며 "장성급이 지휘하는 여단급으로 운용해야 한다"고 했다.

이번 남북이 대화의 장을 마련한 것은 다음과 같은 요인들을 들고 있다. 즉, 다른 기사에 의하면 첫째, 한류의 영향으로 젊은 세대들의 마음이 느슨해 지거나 동요될까 염려도 했을 것이라는 증거를 대고 있다. 둘째, 최고 지도자에 대한 비방 방송은 지존 문제에 금이 갈까봐 염려도 했으리라 본다. 셋째, 체재의 우월성은 북이 남보다 우월하다고 어려서부터 교육을 받아온 젊은 세대들은 믿고 있는 것이 틀렸다는 사실을 어느순간 알까봐 염려도 했을 것이다.

그동안 북에서 남으로 쏘는 대남 방송은 지도자에 대한 우상화와 체제선전(35%)과 남쪽 대통령 비방 모략과 반정부 반미투쟁 선동이 40%에 이르고 음악 방송 및 기타 25%로 편성되었다. 1962년에 북한의 대남방송을 시작되자 남한도 미군의 도움으로 대북방송을 시작하게 되었다. 방송에 의해 치열한 경쟁을 하다가 2004년 6월 남북군사회담에서 남북은 상호 방송을 중단하기로 합의를 본다.

그러나 2015년 8월 10일 북한 목함 지뢰도발로 남쪽은 방송을 재개했다. 그러다 8월 25일 남북 고위급 접촉으로 방송을 중단하기로 합의를 봐 중단했다. 앞으로 좋은 날들을 기대 해 볼만하다. 평화 통일로 가는 길이 다가왔으면 한다.

4. K-Pop 아카데미

한국 정부는 2016년 예산안 핵심국정 과제인 '문화융성'의 일환으로 K-Pop 아카데미 신설 계획을 밝혔다. 계획안은 28개 재외한국문화원 중 16곳을 선정해 관련 예산을 1억 원씩(약 8만 3,500달러) 지급하고 전문 아카데미를 개설한다는 내용이다. 해당 문화원에는 보컬이나 댄스 등 전문 강사가 파견되고, 주 5일 3개월 과정으로 초급반과 고급반 등 수준별 강좌가 마련된다. 체계적인 교육을 통해 한류에 대한 이해와 홍보의 저변을 확대할 수 있다는 점에서 긍정적인 사업으로 평가되고 있다.

주무부서인 문화체육관광부 산하 해외문화홍보원에 따르면 이미 1차 시행 대상 문화원이 선정된 상태다. 나이지리아, 동경, 멕시코, 베트남, 벨기에, 중국(북경), 브라질, 스페인, 아르헨티나, 이집트, 인도, 인도네시아, 카자흐스탄, 터키, 프랑스, 헝가리 등 16개국이다.

K-Pop 아카데미가 중남미를 비롯해 아프리카까지 설립, 정작 한류 홍보의 주무대가 되어야 할 미국엔 없는 셈이다. 더욱이 신설 대상 선정

기준이 'K-Pop에 대한 수요'라는 점을 감안하면 납득하기 어렵다.

특히 LA한국문화원의 경우 2015년 7월 LA서 열린 KCON 콘서트 행사장에는 5만 5,000명이 다녀가 역대 최대 성황을 이뤄 그 '수요'를 입증한 바 있다. 이같은 지적에 대해 해외문화홍보원은 "추가 수요조사를 통해 LA등 미주 문화원이 포함될 수 있도록 긍정적으로 검토하겠다"고 밝혔다.

PART 04
한류의 효과

1. 관광객과 한류

가장 가시적으로 한류의 영향을 받고 있는 것은 관광이다. 한국을 찾은 외국인 관광객이 2011년 980만 명 정도였던 것이 2012년에는 처음으로 1천 1백만 명을 넘어서는 쾌거를 이룩했다. 2009년부터 한국을 찾는 외래 관광객이 해마다 거의 1백만 명씩 늘고 있는데 이는 두 자리수의 증가율이다. 이에 반해 2011년 일본은 외국에서 온 관광객이 7백만 명이 채 안된다. 물론 후쿠시마 원전 사고의 영향도 있었겠지만, 2009년부터 이미 한국에 온 외래 관광객 통계 숫자가 일본에 온 외래 관광객 통계 숫자를 추월했는데 환율의 덕을 본 점도 있다.

하지만 더 중요한 것은 역시 '한류'를 한국의 외래 관광객 증가의 가장 중요한 영향 요인으로 보는 데 전문가들의 의견이 일치한다. 예를 들어서 〈겨울연가〉를 보고 남이섬에 가고 싶어서 오거나, K-Pop 스타가 쓰는 화장품을 사러 오거나, 한국 전통사극을 보면서 거기 나오는 경복궁이나 창덕궁을 보러 관광 오거나, 사찰을 둘러보기 위해 오는 등 다양한 이유로 한국을 찾는다. 더 적극적인 사람은 "한류스타와 똑같은 얼굴로 만들어 달라"고 성형외과를 찾아올 정도로 성형관광도 의료관광의 일종이다. 한류가 단순히 대중 문화현상이나 문화산업에 그치지 않고 우리 산업의 여러 가지 분야에 많은 영향을 미치고 있다는 것을 알 수 있다.

그 중에서 요즘 가장 주목받는 분야가 의료관광이다. 의료관광 분야는 글로벌화에 따라 국제의료서비스 시장이 확대되면서 새로운 블루 오션으로 주목을 받게 된 것이다. 특히 의료관광은 혼자만 오지 않고 항상 보호자나 다른 수행원을 데리고 오는데다가, 장기간 체류하며, 대개 부유층이 오는 경우가 많기 때문에 진료 이외에 관광, 숙박 등 부가가치가 아주 높은 관광산업이다. 아랍의 오일달러 소유자들은 아예 전세 비행기로 와서 요양하고 가는 경우가 많고 러시아와 중앙아시아 부유층 고객도 많다고 한다. 그래서 요즘에는 호텔에 아예 진료센터를 차린 경우도 있을 정도로 환자와 보호자가 같이 생활하면 편안한 여건에서 진료를 받을 수 있는 환경을 제공한다는 취지이다.

2011년에는 의료관광객의 수가 12만 명, 2012년에는 16만 명 정도가 왔는데, 전체에 대한 비중으로 보면 아직 많지는 않지만 33%의 성장률을 보이고 있다. 따라서 의료관광산업은 앞으로는 상당히 성장 가능성이 높은 분야로 평가받고 있다. 우리나라가 의료수준이 굉장히 높고 치안이 좋다는 기본인프라 이외에도 부가가치가 높기 때문에 투자가 많이 이루어지고 있다. 특히 문화체육관광부의 경우에는 현재 치료 중심으로 이루어지는 의료관광을 여타 관광산업과의 시너지효과가 크고 부가가치가 높은 휴양관광, 요양관광으로 확대해 소재를 집중적으로 발굴하고 마케팅할 계획이라 한다.

2. 잠자는 용과 한류의 열풍

이 시대의 장애물 중 하나는 우리가 각 나라의 특성을 막연하고 편협한 시각으로 인식하고 있다는 점이다. 우리는 각 나라를 그 나라 민족의 나라답게 만드는 것이 무엇인지 알지 못한다. 이처럼 무지한 탓에 모든 나라들은 서로 교류를 제대로 못하고 있다.

예를 들면 오랫동안 교류가 끊겨있던 이웃나라 중국에 대해서는 더더욱 그렇다. 중국의 빠른 변화에도 불구하고 아직도 상당수의 한국인들은 중국과 중국인들에 대해 고정된 선입관과 편견을 갖고 있다. 가령 무슨 일만 하면 만만디로 느려터질 것이고 낙후되고 비위생적이며 아주 형편없는 매너를 지닌 민족일 것이라는 고정관념이다. 특히 병자호란과 청일전쟁등 한반도에서 벌어진 역사적 사건들로 오랫동안 중국에 대한 부정적인 이미지를 떨치지 못하고 있다. 이런 관념으로는 급속도로 발전하고 있는 거대한 나라, 중국을 견제하기 어렵다.

중국을 다시 봐야 한다. 용을 좋아하는 중국인들은 자신들을 용의 후손으로 여기며 신성시까지 하는 민족이다. 이런 중국을 두고 프랑스의 나폴레옹은 한 마리의 잠자는 사자에 비유하면서 중국을 절대로 경시하면 안 된다고 경고한 바 있다. 그러나 지금의 중국은 1978년 개혁 개방을 필두로 37년이 지난 현재 중국에서 일어나고 있는 변화는 역사상 가장 거대하고 엄청난 변화로 마치 그동안 문화대혁명 등으로 상처받은 용이 상처를 회복하고 일어나 기지개를 펴고 있는 형국이다.

이런 중국이 요즘 한국의 K-Pop 드라마와 사랑에 빠져 있다는 기사가 나와 관심을 끌고 있다. 뉴욕타임즈는 최근 보도에서 현재 중국의 대중들이 '별에서 온 그대'라는 한국드라마가 지닌 매력에 흠뻑 빠져 있으며, 중국의 기업들은 한국의 가수 싸이와 비, 별에서 온 그대 같은 인기 프로그램의 중국 버선을 만드는 선략을 짜고 있다고 소개했다. 한마디로 동남아시아와 중동국가 및 전세계에서 불고 있는 한국드라마에 대한 짝사랑과 크게 다르지 않음을 보여주고 있다. 이는 한국이 강력한 군사력과 증대하는 경제력으로 세계 강국의 대열에 들어선 인접국가와의 우호관계는 물론, 무엇보다고 경제발전에 도움이 될 수 있는 절호의 카드라는 점에서 대단히 고무적이다. 한국은 이제 중국에 대해 그간 가지고 있던 선입견과 오해의 장막을 거두고 중국이 짝사랑하는 한국의 문화코드를 최대한 살려야 한다.

인구 약 14억의 거대한 시장 중국을 상대로 한 비즈니스는 한국에게는 엄청난 기회이고 특혜이다. 통일이란 민족적 과제를 위해서도 중국과의 관계강화 및 그들의 협조는 반드시 필요한 일이다. 한국이 국가적 경제 발전을 꾀하고 중국과 함께 윈윈 하며 21세기 동북아시아의 평화를 기약하는 길은 중국을 더 깊이 이해하고 쉽게 교류할 수 있는 한류 문화 확산이 최우선이다.

3. 한류의 경제적 효과

한국무역협회에서 낸 재미있는 통계자료가 있다. 한류가 전파된 이란, 브라질, 페루는 우리나라가 그 나라에 수출한 액수가 전년 대비 2~3배 늘었다. 한류가 없었던 이스라엘, 인도, 과테말라 같은 나라는 오히려 수출이 감소한 것을 볼 수 있다

2008년부터 시작된 세계적인 금융위기 등의 여파로 국제경기도 좋지 않고 해서 사실 수출이 감소한 나라도 많은 게 사실이지만, 이란 같은 경우에는 오히려 234% 증가했고, 브라질은 124%, 페루는 무려 320% 증가했다. 앞에서 드라마 〈대장금〉 이야기를 하면서 말했지만, 이란에서는 자동차 수출 등이 폭발적으로 증가한 덕분이다.

2012년 5월 한국수출입은행에서 낸 통계도 재미있다. 문화상품이 $100 팔렸을 때 우리나라 전체 제조업에는 어떤 영향을 미치는가를 조사해봤다. 문화상품 $100의 수출이 증가하면, 그에 비례해 소비제 수출은 그 4배

에 달하는 $420가 증가한다고 한다. 눈에 보이지 않던 한류의 경제적인 효과, 숫자로 보니 조금은 알 것 같다.

그런데 한류의 전반적인 경제적 효과에 대해서 〈매일경제신문〉에서 조사한 흥미로운 결과가 있다. 그 조사에 따르면 한류의 경제적 파급효과는, 2012년의 경우 전 산업에 파급되는 생산유발 효과만 12조 원에 이른다고 한다. 고용유발 효과는 6만 7천 명 이상이라고 한다. 고용효과는 우리나라 5대 그룹이 1년에 고용하는 총 인원(6만 2천 명)을 상회한다고 한다. 특히 생산유발 효과는 2012년 12조 원에서 2015년 20조 원, 2020년에는 57조 원으로 늘어난다고 한다. 평창 동계올림픽의 생산유발효과를 20조 원정도로 보고 있다고 하니, 한류의 생산유발효과(57조 원)는 평창올림픽의 거의 3배에 달한다는 결론이 나온다.

21세기에 들어와서 잘 나가던 한국 경제가 심상치 않다. 몇 차례 경제위기를 겪으면서도 경상수지는 흑자를 이어가고 있지만 세계에서 가장 빠른 속도로 저출산 및 고령화 국가로 전입하였고, 소득의 양극화가 심각한 경제문제로 대두되는 가운데 일자리마저 눈에 띄게 줄어들어 청년 실업자를 양산하고 있다. 대한민국이 직면하고 있는 이러한 심각한 위기상황의 돌파구로 한류로 대변되는 문화콘텐츠 산업을 주목한다. 이제 21세기는 더 이상 제조업이나 단순 서비스 산업의 시대가 아닌 문화콘텐츠 산업이 국가의 경쟁력을 좌우하는 시대가 되었다고 보기 때문이나. 우리나라가 지속적인 경제성장을 이루기 위한 실천가능한 대안은 한류에서 찾을 수 있다.

이미 싸이의 〈강남스타일〉을 두고 '1,000억 원 수입설' 부터 '문화적 가치 1조원' 이란 이야기가 나돌고 있다. 싸이의 〈강남스타일〉은 세계 최초로 최단기간에 이룬 한류의 성과로 대표하는데, 이에 수반되는 경제적 효과는 지금까지의 K-Pop한류 효과보다 훨씬 클 것이며, 특히 음반, 영상, 방송프로그램, 드라마와 함께 관련상품 수출, 관광을 비롯한 간접적인 경제적 효과까지 고려한다면 예상보다 훨씬 큰 경제적 파급효과가 기대된다.

영국 BBC는 2012년 10월 4일 싸이〈강남스타일〉신드롬으로 인해 한국이 문화 수출 강국으로 등극하였으며, K-Pop, 드라마, 음식 등 한국의 다양한 문화콘텐츠 상품이 한국 경제의 주요 수출품목이 됐고 연간 수출규모가 50억 달러(5조 5,000억 원)에 이르고 있다고 소개했다.

이처럼 지구촌 곳곳에 뿌리내린 한류는 뚜렷한 이익을 가져다주는 수출 중심의 문화 콘텐츠상품으로 자리를 잡고 있다. 이제 한류를 통한 한국 문화에 대한 관심은 한국 제품에 대한 관심으로 이어져 더 큰 경제적 파급효과로 나타나고 있다. 일본 다이치생명 경제 연구소는 한일 양국에서 배용준과 〈겨울연가〉가 창출한 경제부가가치가 2조 3,000억 원에 이른다고 발표했다. 또한 최근에 한국경영학회를 중심으로 수행된 한류의 경제적 효과에 대한 연구결과를 보면 한류의 경제적 효과는 2010년 기준으로는 약 46.63억 달러(약 5조 2,230억 원)에 달하는 것으로 추정되며, 2011년에는 약 50.15억(약 5조 6,170억 원)가 발생한 것으로 추정된다. 아울러 무형자산으로서 한류의 자산가치는 약 832억 달러(약 94조 7,900억 원)로 부문별로 살펴보면, 문화콘텐츠 수출효과의 현재가치는 355.7억 달러(40조 4,950억 원), 외국인 관광객 지출효과의 현재가치는 388.8달러(44조 2,600억 원), 소비재 수출효과의 현재가치는 88.1억 달러(10조 350억 원)로 각각 예상되고 있다.

이와 같은 한류라는 문화콘텐츠 수출을 통한 경제적 효과가 미래에도 지속적으로 확대되기 위해서는 K-Pop 등 특정세대를 대상으로 하는 문화콘

텐츠 상품보다는 드라마, 영화, 게임 등 모든 세대를 대상으로 하는 문화
콘텐츠상품을 전파하는 것이 한류로 인한 간접적인 경제적 효과가 더욱
크다는 점에도 유의할 필요가 있다. 한류의 특정분야에 지나치게 치우치
기 보다는 다양한 한류 보급에도 관심과 노력을 기울이는 것이 보다 바람
직하다고 본다.

한류를 통한 문화콘텐츠 상품의 수출증대는 해당분야에서의 수익증대라
는 측면에서도 중요하지만, 국가 브랜드로 연관되면서 관련분야로 경제
효과가 확대될 수 있다는 점에서 더욱 중요하다. 따라서, 한류의 경제적
효과를 극대화하기 위해서는 문화콘텐츠 상품의 수출을 극대화하고 이를
통한 간접적 경제적 파급효과로 관련상품의 수출을 극대화시키는 것이
다.

송현준 교수 글에서

4. K-Pop 팬들의 한국어 구사력

K-Pop을 좋아하는 러시아 젊은이들은 2~3년 지나면 한국어를 잘한다
고 한다. 한국의 최광식 장관을 만나 그들은 "엑소 보내 주세요", "샤
이니 보내 주세요!"라고 외쳤다고 한다. 한류가 아시아 시장에 진출할
때만 하더라도 한국은 솔직히 지상파 방송만 생각했다. 그러나 지금은
세상이 바뀌었다. 프랑스를 비롯한 유럽에도 한국 드라마가 지상파가
아닌, 인터넷 같은 새로운 미디어를 통해서 이미 알려졌다. 특히 K-
Pop은 유튜브, SNS 등을 통해서 알려져 있다.

이로 인해 한국어 열기가 대단하다. 러시아 한국문화원에서 2012년에

한국어 강좌를 들을 수강생을 500명을 뽑겠다는 공지 사항을 알렸더니 예전처럼 한국교민들이 아니라 러시아인 1,500명이 지원했다고 한다. 아무리 궁리해 봐도 이들을 다 받을 수는 없고 1,000명으로 늘려 뽑았을 정도이며 심지어 주말에도 오전반, 오후반 저녁반 이렇게 나누어서 열심히 한국어 공부를 하고 있다.

5. 한류와 국가 이미지

'국가브랜드'라는 말이 우리에게 친숙해진 것은 불과 4~5년 사이의 일이지만 그 짧은 시간 동안 고유의 이미지를 각인시키면서 고급 브랜드를 가진 국가로 발돋움하고 있는 한국의 모습을 볼 때면 뿌듯하다. 30여 년 전 동아시아의 작은 나라 한국을 알고 있는 친구들은 극히 드물었다. 그 시절에는 동양에서 유학생이 오면 으레 중국인이나 일본인이라고 생각하는 것이 통념이었고, 설사 한국을 알고 있다 하더라도 한국 전쟁이나 분단과 같은 부정적인 이미지를 먼저 떠올렸기에 속상했던 기억이 있다. 그렇기에 많은 외국인들이 한국과 동시에 월드컵, 박지성, 그리고 한류를 떠올리는 모습을 보면 보이지 않는 곳에서 노력한 많은 이들의 노고를 그려보게 된다.

한국에 걸맞은 브랜드를 찾기 위해 노력한 끝에 최정화교수는 '4거리 법칙'이라는 것을 고안해보았다. 4거리는 볼거리, 먹을거리, 즐길거리, 화젯거리를 뜻하는 것으로 외국 사람들에게 각인된 역동적인 한국 문화를 포괄할 수 있는 상위 개념이기 때문이다. 한식 체험, 노래방 체험, 한국 전통문화공연 관람, 박물관 관람 등 4거리 법칙에 기반하여 체험 위주로 프로그램을 진행하다 보니 적극적으로 참여하는 외국인들도 늘어났다. '4거리 법칙'의 효과는 한류 열풍에서도 잘 드러난다.

한류는 1990년대 말 한국의 드라마가 중국, 일본 등지로 수출되며 시작되었다. 한류1세대인 드라마는 화려한 볼거리와 즐길거리, 먹을거리를 제공하면서 점차 고정 팬을 확보했고 한국문화를 널리 알리는 초석을 제공했다. 예를 들어 먹을거리, 볼거리, 이야기거리가 잘 녹아 있던 〈대장금〉은 드라마로서도 전세계인의 사랑을 받는 성공을 거두었을 뿐 아니라 자연스럽게 한식을 홍보하는 장의 역할도 감당해 한국 음식은 곧 웰빙 음식이라는 이미지를 만들어낼 수 있었다.

K-Pop의 물결은 아시아를 넘어 미국, 유럽까지 강타하고 있다. K-Pop 또한 4거리 법칙이 잘 적용된 대표적 분야이다. 싸이의 〈강남스타일〉 뮤직비디오에는 볼거리와 즐길거리가 풍부하기 때문에 한 번 보면 잊을 수 없는 충격을 주었고 유튜브 누적 조회수가 14억 회를 돌파한 데 이어 한국을 넘어 세계인들이 그의 말춤을 따라하고 패러디를 만드는 돌풍을 만들어 냈다. 그 파급 효과는 실로 대단하여 〈강남스타일〉이 영국 음악 싱글 차트에서 1위를, 미국 빌보드 차트에서 2위를 차지하는 쾌거를 달성하기도 하였다. 말을 타고 달려나가는 듯한 싸이의 말춤은 볼거리, 즐길거리가 있어 가는 곳마다 화젯거리를 낳았다.

다양한 분야에서 한국을 알리려는 노력은 얼매를 맺어 한국문화의 브랜드 가치가 점차 제값을 받고 있음을 보여주는 객관적 자료도 나와 있다. 2011년 국가브랜드위원회와 삼성 경제연구소가 공동 조사한 국가브랜드 지수 조사결과는 한국의 이미지가 과거에 비해 얼마나 향상되었는지를 잘 보여준다. 실체 순위에서 한국은 과학, 기술 분야가 4위, 현대문화 분야가 9위 그리고 유명인 분야에서 8위를 차지하여 총 3개 부문이 10위권

안에 든 것이다. 한국의 이미지가 가난한 분단국가에서 첨단기술과 문화가 공존하는 국가로 바뀌었음을 보여주는 이 조사 결과에서 특히 주목할 만한 점은 꾸준히 순위를 유지하던 과학, 기술 분야와 더불어 현대문화 분야가 높은 순위를 차지했다는 점이다.

요즈음에는 한류의 전파로 인해 한국이라는 나라에 관심을 가지게 되고 한국말을 배우는 외국인들도 적지 않게 보인다. 또 한국에 대한 호기심을 가진 사람들이 자발적으로 참여하는 경우가 늘어난 덕분에 한국 알리기 활동은 한결 수월해졌다. 이제 우리에게 남은 과제는 한류라는 거대한 현상을 어떻게 지속하고 홍보할 것인가에 힘을 모을 것인가다. 뿐만 아니라 K-Pop, 영화, 드라마에 국한된 대중한류에 그치지 않고 그와 연계하여 음식 한류, 문학 한류 등 한국의 제반 문화 한류를 활성화시켜 대중문화뿐만 아니라 한국의 역사와 전통도 함께 알려 한국은 역사와 전통이 깊은 문화강국이라는 대한민국의 브랜드를 만드는 것도 목표로 해야 한다.

최정화 교수 글에서

6. 한류 타고 농산물 미 수출 성장

한국 농수산식품의 대미 수출이 견고한 성장세를 이어가고 있는 것으로 나타났다. 한국 농수산식품유통공사(aT) LA 지사에 따르면 2015 한국 농수산 식품의 대미 수출액은 약 8억 5,987만 달러를 기록했다. 이는 2014년 8억 1,132만 달러와 비교했을 때 6% 증가한 수치다.

한국 농수산식품의 전체 수출이 전년대비 2.63% 감소하는 등 다소 부진했던 것에 비하면 미국 수출은 눈에 띄는 성장세를 이어가고 있는 모습이다. 제품 다양화와 함께 한류 영향 등으로 타인종을 상대로 한 마케팅 성공도 수출 증대의 주요 요인으로 작용했다. 대표 수출 효자품목인 김, 음료, 라면 등은 현지시장 진출 확대로 꾸준한 상승세를 보이며 수출 증가를 이끌었다. 지난해 라면은 2,962만 달러로 13.5%가, 음료는 6,271만 달러로 4.9%가 늘었다. 김은 사상 최고액인 7,210만 달러를 기록했으나 증가세는 1.7%에 그쳤다.

2015년 대미수출 상위10개 품목

순위	품목	금액(1,000달러)	증감률(%)
1	궐련(담배)	91,540	542
2	김	72,090	1.7
3	음료	62,709	4.9
4	라면	29,619	13.5
5	배	26,520	-9.1
6	비스킷	21,498	-11.2
7	젤라틴	18,511	-10.9
8	굴	18,146	33.6
9	오징어	16,319	12.0
10	인삼	14,252	-0.5

품목별로는 궐련(담배)이 지난해보다 무려 54.2%가 증가한 9,154만 달러를 기록해 가장 많았다. 수출 재개 이후 꾸준히 늘고 있는 굴 역시 1,815만 달러로 전년대비 33.6%가 늘었다. 미국내 '매운맛'의 인기에 힘입어 고추장과 김치의 수출 실적도 크게 늘었다. 지난해 고추장 수출금액은 전년대비 8.3% 오른 994만 달러를, 김치는 8.2% 오른 534만 달러를 기록했다.

PART 05
한류의 활동

1. K-Pop의 활동 모습

K-Pop 스타들의 가무하는 모습이 《삼국지》〈위지동이전〉 마한조에 묘사된 축제의 가무와 그대로이다. K-Pop이 서양에서 들어온 대중문화이기는 하지만 한국의 전통문화가 알게 모르게 스며있다. 일부에서는 아이돌 스타의 댄스와 음악을 해외에서 들어온 서양 팝 문화의 '보세 가공품' 이라고 비아냥거리는 사람도 있다. "K-Pop은 우리 문화를 대표하지도 않고 우리 문화와 전혀 상관이 없으며, 또한 너무 상업화한 거 아니냐?"하고 묻는다. 그런데 공연을 몇 번 직접 현장에 가서보면 우리 한국문화의 독특함이 스며있다는 것을 확인할 수 있다. 여러 명이 노래와 춤을 같이하는데 특히 모두가 신명나게 뛴다. 얼마나 신이 나는지, 보는 사람들도 같이 뛰게 만든다. 그런데 이 아이돌 스타의 모습이 바로 우리 조상들이 축제 때 보여준 모습과 똑같더라는 것이다. 이렇게 함께 뛰고 노래하고 춤추는 전통은 농악이나 강강술래 같은 데도 남아 있다.

반면에 서양 사람들이 노래하고 춤추는 모습을 살펴보자. 그들은 혼자 노래하고 혼자 춤을 춘다. 레이디 가가도 그렇고 브리트니 스피어스도 마찬가지 이다. 노래할 때 혼자 부르며, 춤추는 사람은 뒤에 있어 백댄서라고 부른다. 함께 노래하고 춤추는 게 아니다. 물론 같이 노래하고 춤추는 예외적인 경우도 있기는 하다. 노래와 춤을 융복합적으로 함께 하도록 새로운 장르를 만든 것이 바로 서양의 뮤지컬이다. 또한 춤을 출 때 손발을 쓰는 모양도 남방과 북방이 다르다. 러시아와 같은 북방 사람들은 주로 발을 많이 사용한다. 그리고 남방의 태국이나 인도의 춤은 주로 손을 많이 사용하는데 우리나라는 손발을 다 사용한다. 그리고 K-Pop에서는 손하고 발을 다 이용해서 춤을 추다가 손으로 발을 탁 치는데 가장 대표적인 것이 싸이의 말춤이라고 할 수 있다. 걸그룹들의 춤과 노래도 그렇지만, 싸이가 인기 있는 이유가 세계 다른 나라와는 다른 우리 민족 전통의 가무 전통이 녹아들어가서 그런 게 아닐까 한다. J-Pop을 하는 일본 가수들은 길길이 뛰지 않는다. 무릎을 굽혔다 폈다 하는 정도이다.

2. K-Pop 가수들의 다이내믹

J-Pop하는 가수들은 즐기려 하는 것이 아니라 열심히 학습을 해 가무를 배우는 것 같은 점이 있으며 자세히 보면 무릎만 굽혔다 폈다 하는 거지 실제로 뛰지는 않는다.

그런데 우리나라 아이돌 스타들은 신명이 나서 그 끼를 주체하지 못하고 마구 뛴다. 그 중에 가장 많이 뛰는 게 가수 싸이다. 신명을 "마음속 깊은 네서 부터 우러나오는 주체하기 힘든 어떤 흥서움" 정도로 정의한다면 신명은 우리 한민족 고유의 특성이라고 해도 과언이 아닐 것이다. 우리가 볼 때는 남녀가 무리지어서 온 몸을 움직이면서 춤추고 노래하는 것이 그다지 이상하지 않다.

그런데 외국사람들을 보면 남녀가 떼를 지어 노래하고 춤추는 것을 외국에서 보았는가? 둘이 추든가 그렇지 않으면 하나가 앞에서 추면 다른 한 사람은 뒤에서 하던지 하는 식으로 우리나라 그룹하고는 근본적으로 다르다.

J-Pop 전문가에게 K-Pop과 J-Pop에 대해 물으니 한국의 K-Pop이 일

본의 J-Pop보다 훨씬 더 다이내믹하다는 것이다. 전 세계를 매료시킨 한류의 유전자가 무엇일까에 대해서, 매일경제 한류프로젝트 팀에서는 참신, 세련, 보편의 3가지를 제시한 바 있다. '참신함'은 기존 서구문화와는 뚜렷하게 구별되는 한국적 가치가 투영된 신선함을 말하는 것 같다. '세련됨'은 날이 갈수록 세련되어지고 있는 우리의 문화적인 기획력과 경쟁력, 선진화된 시스템이 이를 뒷받침하고 있다. '보편성'은 아무래도 우리 문화의 고유성과 독특함을 현대화, 국제화시키기 위한 노력이 성공을 거둔 것으로 보아도 무방할 것 같다.

3. 프랑스 파리에서 SM 타운 콘서트

드라마든 K-Pop이든 다 아시아에서 머물고 말았는데, K-Pop이 마침내 유럽의 장벽을 넘었다. 그게 바로 2011년 파리 공연이다. 2011년 6월 프랑스 파리 '르 제니트 드 파리(Le Zenith de Paris)'에서 열린 'SM 타운 콘서트'를 말한다. 프랑스를 비롯한 유럽 전역에서 몰려든 K-Pop 팬들로 공연은 대성공을 거뒀다. 이날의 파리 공연은 K-Pop이 한국의 대중음악이 아니라 아이돌 그룹의 댄스 음악을 가리키는 것이다. 이 공연이 성공을 거두자 세계 유수의 언론들의 호평이 줄을 이었다. 프랑스 〈르 피가로〉는 "한류가 제니트 공연장을 강타했다", 〈르 몽드〉는 K-Pop 성공요인을 분석한 "한국의 외교사절"이란 기사를, 미국 〈뉴욕 타임즈〉는 "순수함과 헤어젤로 무장한 K-Pop 머신"이란 기사를 실었다.

이 콘서트의 계기는 파리에 있는 한국문화원에서 한국어와 한국문화를 배웠던 프랑스 청소년들이 있었다. 그 친구들은 대부분이 한국에서 입양된 입양아 출신이다. 사춘기 때까지는 자신의 정체성을 못 찾아 방황하다가 나중에 한국문화와 한국어를 배우면서 정체성도 어느 정도 가지게 되고 자기들끼리의 결속력도 높이게 되었다. 이 친구들이 한국 문화원에 K-Pop 공연을 해달라고 계속 요청을 했다. 그런데 SM 이나 YG 등의 기획사에 수차 얘기를 해도 "수지가 안 맞는다, 못 간 다!"고 했다. 그런데도 이 친구들이 하도 강력하게 요청해와서 사실은 문화체육관광부에서 후원을 했다. 사실 이 문제는 굉장히 민감한 부분 이다. 한류의 확산은 분명 바람직한 일이다. 하지만 정부가 뒤에서 조 용히 후원해 주는 모양새를 취하지 않고, 한류 확산을 위해 주도적으로 전방위 역할을 하는 모양새를 보이면 자칫하면 내부적으로는 민간부 문의 창의성을 꺾고, 외부적으로는 국가 주도적인 한류정책이라는 인 상을 풍겨 문화침략이라는 이미지로 오해받을 수도 있고, 반한류의 역 풍을 불러올 수도 있는 미묘한 문제다.

따라서 정부는 초기 진출 시 현지 요청이 있을 때 인큐베이터 역할만 하는 것이있으나 결과는 뜻밖에도 내성공이었나. 문화적으로 상낭히 보수적이어서 다소 국수주의적인 성향이라는 평을 듣는 것으로도 유 명한 프랑스 파리에서 이 공연이 대성공을 거두자 자연스럽게 런던과 뉴욕으로도 진출하게 되었다. 드라마 중심의 한류가 아시아에서 정체 되고 있었던 게 한계였다면, K-Pop이 드디어 유럽의 장벽을 넘었다는 것은 매우 큰 의미가 있다고 생각한다. 한국의 문화가 이렇게 유럽과 미국 언론의 관심의 초점이 된 적이 없다. 한류가 아시아를 넘어 명실 공히 글러벌 문화의 하나로 격상했다는 의미가 있다.

4. TV 시청률

〈사랑이 뭐길래〉는 우리나라에서 여태까지 나온 드라마 중에서 65% 라는 경이적인 시청률을 기록한 드라마이다. 한국 드라마 중 역대 시청률 최고 순위는 KBS 〈첫사랑〉(65.8%), MBC 〈사랑이 뭐길래〉(64.9%), SBS 〈모래시계〉(64.5%), MBC 〈허준〉(63.7%) 순이다. 시청률이 65%라는 건 우리나라 인구의 3분의 2가 봤다는 건데, 그때 우리나라 인구가 4천5백만 명이었으니 대략 3천만 명 정도가 이 드라마를 봤다고 볼 수 있다. 1997년에 중국에서 방영됐을 때 1억 5천만 명이 시청해 그 다음해에 앙코르 방영이 됐다.

그리고 1999년에 또 다시 앙코르 방영이 되어 10억 명의 중국인이 봤다. 물론 중국인 13억 중에 10억이 다 본 것은 아니고 두번, 세 번씩 본 사람을 합쳐서 연 인원으로 계산한 것임을 감안한다면, 얼추 전 중국인의 절반 정도는 이 드라마를 봤다는 계산이 나온다.

5. 〈겨울연가〉와 배용준

한류를 영어로는 보통 K-Wave라고 말하는데 어쨌거나 한류라는 말이 처음으로 사용된 것은 드라마로 〈사랑이 뭐길래〉가 나온 직후부터로 당시 한국 드라마가 잠시 반짝했다. 그리고 인기가 잠깐 떨어졌는데 이것을 다시 이어 받은 게 〈겨울연가〉이다. 2002년에 한일 양국이 월드컵을 공동 주최하고 2003년에 NHK에서 겨울연가를 〈겨울 소나타〉라는 제목으로 방영했는데 시청률이 24%였다. 여기서 중요한 것은 일본에서 영향력이 대단한 공영방송인 NHK에서 이 드라마를 방영했다는 것이다. 게다가 시청률이 거의 25%까지 오르면서 일본의 여성들, 특히 중년여성들이 한국에 대해 많은 관심을 가지게 되었다. 겨울연가의 방영은 중국에서 시작했던 한류가 잠시 주춤하다가 새롭게 일본으로까지 확대되는 계기가 되었다고 할 수 있다.

일본에서는 당시 분위기가 어느 정도였는가 하면 '겨울연가 파친코'라는 것이 생겼다. 파친코 영업장에 가장 많이 오는 사람들이 중년여성들이므로 겨울연가에 나온 주인공의 사진을 파친코 기계에 붙여놓아야 영업이 될 정도로 '겨울연가 파친코'가 인기가 좋았다.

2004년 NHK 여론조사 결과를 보면 〈겨울연가〉를 시청하고 난 후에 한국에 대한 이미지가 바뀌었다는 응답이 26%로 드라마 시청률과 거의 비슷하다는 것은 드라마를 보고 나서 한국에 대한 이미지가 바뀌게 되었다고 해석할 수가 있다. 당시 주인공인 배용준이 '욘사마'로 불리면서 폭발적인 인기를 누리는 한류스타가 되을 정도로 한 연구 보고서에 따르면 욘사마가 창출하는 경제효과가 무려 4조 원이라고 한다.

PART 06
한류의 미래

1. 한류의 성공 요인

한류의 성공 요인을 보자.

① 한국 드라마에서 보이는 유교적인 가족주의는 상당히 보편성이 있어 많은 나라 국민들도 쉽게 공감할 수 있었는데 반해 서양에서는 이런 유교적 요소 때문에 오히려 우리 드라마가 주목받지 못했다. 특히 부모와 자식의 엄격한 종적인 서열 의식이 반영된 드라마는 중국인들에게 많은 호감을 얻었다.

② 한국인들은 노래하고 춤추는 데에서 둘째가라면 서러워하는 민족이다. 다시 말해 신명으로 말하면 앞에서 기술한 바와 같이 어떤 민족들에게도 뒤지지 않는다는 것이다. 아이돌 그룹은 그런 신명이 가득 찬 민족(한국인) 가운데에서 가장 신명의 기운이 센 아이들을 뽑아 만든 것이다. 고로 아이돌은 노래와 춤으로 세계를 휩쓴 것이다.

③ 한류성공의 비결에는 기술적인 요인을 빼놓을 수 없다. 오늘날 한국의 대중가요가 이렇게 전 세계적으로 각광을 받을 수 있었던 데에는 이른바 SNS의 공이 지대하다고 할 수 있다. 싸이의 경우도 유튜브 덕에 세계적으로 알려지고, 서양의 높은 벽을 SNS가 뚫어주었다. 대중가요를 담은 SNS를 보고 한국을 좋아하는 대중들이 많아지자 서양의 언론이나 기획사들도 우리 가수들에게 관심을 갖기 시작한 것이다.

④ 한 사회의 문화는 문화의 주체인 그 나라 국민이 먼저 즐겨야 한다. 즐겨도 대충 즐겨 가지고는 안 되며 아주 많이 즐겨야 한다. 그러다가 그 즐거움이 넘치면 자연스럽게 옆 나라로 넘쳐가게 된다. 대충 즐겨 가지고는 옆 나라까지 넘칠 수가 없다. 본 한류의 시조였던 〈사랑이 뭐길래〉도 한국에서 시청률이 60%가 넘었다. 이렇게 시청률이 높게 나

오는 드라마가 하나 둘이 아니었다. 드라마를 볼 때에도 한국인들은 수동적으로 보지 않고 열광 하면서 드라마를 보기도 한다. 드라마를 보면서 드라마 홈페이지에 댓글을 붙여 이야기 진행에 계속해 참여한다. 예를 들어 '누구는 살리고 누구는 죽이고' 하는 등으로 말이다. 이쯤 되면 이 드라마의 완성도는 더 높아진다. 수많은 국민들이 드라마 제작에 참여하니 그렇게 될 수 밖에 없다. 그 결과 한국 드라마는 국제적인 경쟁력을 갖추게 되었다.

2. 한류에 대한 외국인의 인식

한류 현상은 이전 한국을 잘 몰랐던 국가들에게 한국문화의 100% 긍정적인 인상과 놀라움을 주며 그 중요성은 사회적, 문화적, 경제적 측면에서 유리한 방향으로 확장되고 있다. 1990년 경에 본격적으로 시작된 한류열풍은 중국, 일본, 동남아를 기점으로 한국드라마, 음악, 영화에서 시작되었고 2002년부터는 중동, 동유럽과 남미까지 퍼져나가 자리를 잡기 시작해 2012년에는 가수 싸이의 〈강남스타일〉이 미국과 캐나다 대중의 높은 관심을 받으며 서방국가로 한류의 인기가 확산되었다. 이러한 한국의 대중문화의 인기는 한국에 대한 섯이 노는 면에 관심으로 전파되었다.

한류 효과 이전의 외국인들의 한국에 대한 이미지는 강한 경제산업과 무역에 대한 성과, 전자, 자동차 및 소비자 제품에 대한 지배적인 영향을 받아 형성되었을 것이다. 1970년대와 80년대의 노동계 불안, 북한과의 대립 관계 등의 이미지로 외국의 언론들은 한국을 그려왔고 이에 의해 외국인들의 눈에는 한국인들은 가난하지만 성실한 공업단지에서 일하는 근로자 모습으로 인식되었다.

하지만 한류는 이러한 잘못된 이미지를 바꾸기 시작했다. 한국과 한국인에 대한 부정적인 선입견은 수정되었다. 한국과 외국에 사는 외국인들은 한류가 한국의 긍정적이고 찬란한 현실을 잘 나타내고 있다고 평가하였고 한국에 대한 의식호전은 이제는 한국인들을 재미있고 유쾌하고 창의적인 사람이며 문화, 미디어, 기술 등 많은 분야에서 앞서나가는 성실하고 번영하는 선도자라는 긍정적인 이미지로 바뀌었다.

한류는 30년간 이루어 낸 급속하고 강력한 한국의 경제 및 산업성장과 동등하게 중요한 한국의 문화적 발전 측면을 다시 한 번 세계에 부각시켰다. 한국의 엔터테이먼트 산업은 이제 강하고 정교하며 세련된 산업으로 창의력과 상상력으로 풍부한 '마음과 영혼'을 담고 있는 산업으로 세계인의 이목을 집중시키고 있다.

외국인들의 마음속에 또 다른 중요한 변화가 있다. 한국의 역사, 전통문화, 음식 등 다양한 측면에서 한류 이전에 몰랐던 흥미롭고 재능 있는 문화에 대해 궁금해 하기 시작했다. 이에 따라 현재 인기 있는 연예관련 산업 외에 이후 더 많은 한국문화와 관련된 정보 및 제품에 대한 시장수요가 분명히 증가할 것이다. 한류의 또 다른 예상치 못한 결과는 한국인들이 외국을 방문하였을 때 그 나라 사람들의 반응이다. 이제는 어디서나 한국인들은 따뜻한 환영을 받으며 한국제품 및 서비스가 다른 국가의 제품보다 높은 선호도를 받고 있다. 그렇지만 아직도 대부분의 외국인의 눈에 즉각적이고 직접적인 한류효과는 대중문화의 음악, 비디오, 드라마와 영화에 국한되어 있다. 그럼, 어떻게 한류효과를 최대한 활용하고 세계적으로 발전시켜 나 갈 수 있는가?

첫째, 한류의 향후 개발을 위한 확실한 방향은 특히 인터넷 등의 미디어 사용을 강화하는 것이다. 지금까지 한국의 기술발달과 한국인의 높은 인터넷 활용률이 한류에 큰 기여를 했다. 앞으로도 한류를 빠르고 성공적으로 전 세계에 보급하는 핵심적 역할을 하게 될 것이다.

둘째, 한류에 포함되지 못하고 있는 부분을 포함시키도록 노력하는 것이다. 대표적인 것이 한국의 전통문화이다. '대장금'과 같은 한류의 콘텐츠로 전통문화의 이미지를 살릴 수 있는 왕실의 생활, 예술, 음악, 무용 등 민속예술 측면을 포함해 한국의 전통문화 이미지를 강화시킬 필요가 있다.

셋째, 한류에 대한 잘 정리되고 면밀한 영어 자료체계의 구축이다. 한국의 엔터테인먼트 산업은 국제적으로 K-Pop을 알리는데 유튜브 등의 인터넷 활용을 훌륭하게 해 냈지만, 아직까지 외국인이 한국에 대해 다양하고 폭 넓은 정보를 영어로 접하기에는 많은 한계점을 지니고 있다. 현재 제공하는 정보도 대부분 단편적인 정보가 많기 때문에 한류의 활동범위를 확장하기 위해 보다 더 많은 영어자료나 정보를 인터넷에 제공하는 노력이 필요하다.

요약하면, 한류는 21세기의 한국을 세계에 알리고 한국에 대한 이미지를 향상시키는 데에 있어 아주 중요한 역할을 하고 있다. 한류를 지속적으로 콘텐츠 개발과 언론통찰을 통해 한국의 역동적인 매력을 발산해나가며 앞으로도 더욱 향상된 국제문화 교류뿐만 아니라 경제적 혜택을 받을 수 있을 것이다.

바돌로뮤 피터 글에서

3. 전통문화를 살리는 관광

지금 한류 덕을 가장 많이 보는 것은 관광사업이다. 일본에 온 관광객 숫자보다 한국에 온 외국인 관광객 숫자가 더 많은 것이다. 일본에 많이들 가보셨겠지만은 일본은 나라도 크고 면적도 넓고 볼 것도 많다. 화산과 온천 등도 있고 관광하기 좋은 문화유산도 많다.

그런데 이러한 관광이 어느 시기를 지나면 패턴이 진화된다. 외국사람들이 처음에는 화장품을 사는 등 쇼핑 위주로 관광을 하지만, 조금 지나면 한국적인 뭔가를 찾게 된다. 그중에 하나가 우리나라 전통가옥이다. 대표적인 게 우리 궁궐이고, 또 하나가 전통사찰과 전통한옥이다. 대개 템플스테이나 한옥체험 형태로 진행된다. 현대식 호텔에서 숙박하는 것은 세계 어느 나라를 가더라도 체험할 수 있는 것이다. 그러나 유서 깊은 한국의 종택이나 고택에 가서 잠을 자는 것은 매우 톡특한 문화체험이다. 이런 걸 보더라도 고품격관광의 활로 역시 전통적인 것과의 융합에서 찾을 수 있다고 볼 수 있다.

4. 한류의 지속을 위해

한류가 이렇게 크게 상승세를 타면서 좋은 점도 많지만, 한편으로는 우려도 많다. "우리 나라가 요즘 한류바람을 타는 등 국운이 세계적인 상승세를 타고 있는데, 이러다가 4~5년 지나면 한류도 시들어지고 결국 사양길로 접어드는 것 아닌가?" 염려가 된다. 그래서 앞으로 우리는 한류를 좀더 다양화할 필요가 있다. 여러 분야에서 다 잘해야 되겠지만 그중에서도 뭔가 어디에 확실한 선택과 집중을 할 포인트가 있어야 된다고 생각한다. K-Pop을 K-Art로, K-Culture를 넘어 K-Style로 한 단계 업그레이드 해야 할 것이다.

우리나라는 수많은 외세의 침략에도 불구하고 한글, 한복, 한식 등 우리의 문화를 지켜온 뛰어난 문화를 가진 민족이다. 한류를 더욱 확산시키기 위해서는 콘텐츠를 보다 더 다양화해야 할 것이다. 앞으로의 과제는 현재의 한류가 지속 가능한 성장을 할 수 있도록 하는 것이다. 이를 위해 무엇보다도 콘텐츠의 품질을 지속적으로 높이는 것이 중요하다. 획일화된 콘텐츠가 아니라 보다 다양한 분야로 다각화하고, 이미 그 가능성이 입증된 콘텐츠는 질적인 측면에서 더 높은 수준으로 향상시키기 위한 투자가 뒷받침되어야 한다.

마지막으로, 정부와 민간의 적극적인 협력이다. 민간의 창의적이고 혁신적인 콘텐츠는 장기적이고 체계적인 정부의 지원이 있을 때 더욱 빛을 발할 수 있다.

싸이는 원래 작사와 작곡의 능력을 갖춘 싱어송라이터다. B급 정서의 대표주자란 말이 있지만 사실 그의 노래는 오래전부터 대중의 사랑을 받았고 한없이 가벼운 것도 아니다. '강남스타일'은 그저 그의 저녁이 한 방에 크게 터진 것이다. 이제 한류를 K-Style로 번역하면서 패션과 푸드와 문화 등 여러 분야로 확대하는 빙안을 강구해아 할 것 같다. K-Culture, K-애니메이션, K-Art, K-Fashion, K-Food 등 이렇게 한류의 미래를 새롭게 하기 위해서는 우리가 하드 파워나 소프트파워를 같이 잘 살려서 우리의 전통적인 것과 현대적인 것이 조화를 이룰 수 있게 해야 할 것이다.

PART 07
우리가 간직한 문화

1. 제사 지내는 법

한국에는 아직도 향교건물이 도처에 있다. 유교가 아직도 남았다는 소리다. 지어 낸 게 아니고, 있는 그대로 얘기하는 것이다. 무당집이 있고 절집이 있고 향교가 있다. 유교야 말로 중국이 종주국 아닌가? 중국은 문화혁명 때 비림비공(批林批孔) 운동이 벌어져서 공자, 맹자, 주자학, 양명학 같은 유교적인 맥이 전부 끊어졌다. 비림비공 운동은 중국의 마오쩌둥[毛澤東] 세력이 그의 정적이 된 전 국방부장관이자 당 부주석이었던 린뱌오를 숙청하기 위해서 만들어 낸 것이다. 린뱌오가 공자를 즐겨 인용한 것을 트집 잡아 린뱌오와 공자를 동시에 비판한 운동이다. 공자는 귀족을 옹호한 봉건주의자인데, 린뱌오가 공자의 사상을 당 노선에 도입하여 자본주의의 부활을 획책하려 했다는 것이다.

석전대제라는 말이 있다. 석전(釋奠)이란 문묘(文廟)에서 공자(孔子)를 비롯한 선성 선현(先聖先賢)을 추모하고 그 위대한 덕을 기리는 행사를 말한다. 무형문화제 제85호로 지정되어 있다. 석전대제는 조선시대 이래 국가가 직접 주관했다. 매년 음력 2월과 8월 성균관을 비롯해 전국 2백여 개 향교에서 동시에 봉행한다. 석전제례를 지내는 대성전에는 공자를 비롯한 성현 21명과 우리나라 성현 18명의 위패를 모신다. 석선행사 시 추는 춤을 팔일무(八佾舞)라 하는데 국가의 제례행사 시 천지신명에 기원하는 춤으로 원래 8×8=64명이 추는 춤이라 해서 팔일무라 한다. 본래 조선시대에는 육일무였으나, 고종이 대한제국 황제에 오르면서 격을 높여 팔일무가 됐다.

2012년 경 봄에 성균관에서 석전대제가 있어 참석한 사람의 말이다. 우리 나라 문화부장관이 초헌관(初獻官)을 맡는데, 그때 누가 왔느냐

하면 중국에서 공자님의 종손이 왔다. "자기 조상한테 한국에서 2천 년이 지난 지금까지 이렇게 제사를 지내는 것이 고마워서 인사하러 왔구나!"하고 생각을 했는데 단순히 그런 게 아니었다. "내년부터 중국에서도 제사를 복원해서 공자님께 제사를 지내겠다"는 것이었다. 그런데 자신들은 제사를 어떻게 지내는지를 몰라 우리 것을 보고 복원하려고 제사 장면 하나하나 전 과정을 비디오를 찍었다. 이런 유교적인 제사는 원래 중국에서 시작했는데 종주국에서는 없어지고 우리나라에만 원형이 그대로 남아있다. 우리나라에서는 설, 추석 때 지금도 조상에 대한 제사를 지내고 차례를 지낸다. 유교에서 제일 중요한 게 제사다. 중국에서는 설을 춘절(春節)이라고 하는데 제사 지내는 풍습은 이미 사라졌고, 추석인 중추절에 대해서는 일반 국민들도 존재 자체를 모르는 형편이라 한다.

2. 불교의 법맥

우리나라에는 전국 명산 도처에 절이 나온다. 불교의 시작은 인도에서 먼저 했다. 그런데 인도에 가면 불교는 유적으로 밖에 남아있지 않다. 우리나라 불교는 인도에서 직접 전래한 것이 아니고, 중국을 통해서 간접적으로 들어온 북방불교이다. 그런데 중국에도 절은 있고 승려도 남아 있지만 제대로 된 법맥(法脈)은 남아있지 않다. 삼국시대에 우리나라에 불교가 들어왔는데, 지금도 조계종, 태고종, 천태종 등 비구니와 비구 등 승려들이 몇만 명이고, 신도가 1천 만 명이 넘는다. 비단 양적인 면뿐만 아니라 불교의 선맥(禪脈)을 제대로 유지하고 있다. 물론 남방불고는 미얀마나 태국 등지로 전래되어 계승되고 있다.

3. 천주교와 개신교의 융성

천주교가 서양에서 시작 되었으나 우리나라 천주교가 대단히 강세다. 일요일에 유럽의 성당에 가 보면 성당에 미사드리는 사람이 별로 없다. "왜 이렇게 신도들이 없어요?" 하고 물어보면 뜻밖에도 "성당에 꼭 매주 와야 되는 겁니까?" 이렇게 오히려 반문한다. 그래서 "그럼 언제 옵니까?" 라고 물으면 "부활절에 오고, 세례식 때 오고, 크리스마스 때 오고 결혼식과 장례식 때 오고 하지요. 꼭 매주 와야 하는 건 아니지 않나요?" 그래서 "매주 오는 사람은 얼마나 되는가?" 하니 "등록된 신도의 10% 정도만 매주 미사에 참석합니다"라고 답하는 것이다. 그런데 우리나라는 천주교, 기독교 신자들은 90%가 거의 매주 예배를 드리러 교회나 성당에 간다. 또 어떤 신자들은 일요일도 가고 수요일도 가고 새벽에도 가고… 우리나라에서만 그렇게 열성적으로 하는 것이 아니다. 개척하려고 아프리칸, 아프간, 아랍도 불사하고 정글, 사막 등 오지도 마다않고 목숨을 내놓고 선교하러 간다.

불교를 포함해서 기의 모든 한국의 종교는 외국에서 왔지만, 종주국에서는 거의 원형이 사라졌다. 그러나 우리나라에는 원형이 아직 남아 있으므로 이 부분이 굉장히 중요한 것이다. 샤모니즘은 시베리아에서 시작했지만 지금 시베리아에 없다. 지금 제대로 남아있는 것은 한국뿐이다. 샤머니즘을 연구하려면 한국에 와야 한다. 불교는 인도에서 시작했지만 인도에는 힌두교가 중심이고 불교의 중요성은 사라졌다. 중국도 불교의 법맥이 끊어졌고, 그 법맥을 한국이 이어가고 있다. 유교도 중국에서 시작했지만 그 유교사상을 일상의 생활에서 실제로 실천하는 것은 우리 한국인들이다. 대표적인게 가훈, 사훈, 교훈들이 거의 모두 유교적인 덕목이다. 충효, 가화만사성 등 다 유교적인 가치로 한국인의 정신 속에 살아 있다.

대표적으로 겉으로 드러나는 게 제사이고, 천주교도 서양에서 시작했지만 우리같이 천주교가 시스템적으로 잘 운용되는 곳이 드물다. 신도들의 신앙심도 놀랍다. 사실상 서구에서는 천주교, 개신교가 예전 같은 영향력을 잃어가고 있는데 한국의 기독교는 오히려 천주교나 개신교가 함께 부흥하고 있다.

4. 시베리아 샤머니즘

한국문화가 단순하지 않다. 예를 들어보자. 경남 진주시에 가면 옥봉동이라는 곳이 있다. 옥봉동에는 옥봉이라는 봉우리가 있는데, 내려다 보면 대나무 깃발을 세워 둔 집들이 많다. 대나무 깃발을 단 집이 뭐하는 곳인지 알고 있는지… 바로 무당집이다. 지금도 200가구 정도가 무당집이라고 한다. 무속신앙이라는 것은 샤머니즘인데 사람들은 무속신앙이 한국의 토착신앙으로 알고 있다. 하지만 사실 한국의 토착신앙은 하늘을 숭배하는 천신신앙이나 산신을 모시는 산신신앙이라고 할 수 있다.

샤머니즘은 청동기시대에 시베리아에서 몽골을 거쳐 한반도로 전래되었다. 시베리아의 샤머니즘이라고 하는데 이게 브리야트와 야쿠트지역, 몽골, 만주를 통해서 전래된 것이다. 그래서 청동기시대의 유물을 보면 칼이나 방울, 거울 등 이런 종류이며 무당이 쓰는 무구들이다. 그런데 지금 시베리아에 가면 샤머니즘이 제대로 남아있지 않다. 몽골에는 지금 무당이 5~6명 정도 남아 있어 인간문화재로 지정되어 있다. 지금 우리나라에는 등록된 무당이 20여만 명이나 된다. 실제로 활동하고 있는 무당이 그중 절반 정도 된다고 한다. 무업이 얼마나 잘되고 있는지를 보여주는 실례가 있다. 임대료가 비싸기로 유명한 압구정동에도 무당집이 있을 정도다. 실제로 수요자가 있다는 얘기다.

5. 공존하는 미덕

우리는 원형보존을 잘 한다. 잘하고 있고 그것들이 자신의 개성을 유지하며 공존하는 이런 모습이 우리 한민족의 힘이라고 생각한다. 한국에는 성당도 있고, 교회도 있고, 신흥종교도 있다. 거의 모든 종교와 신앙의 공간이 다 있다. 종교백화점이라고 할 수 있다. 우리나라는 토착신앙에 여러 나라로부터 전래된 외래신앙과 종교가 함께 공존하는 것이 특징이다. 마치 조각보의 모습과 흡사하다고 할 수 있다.

미국이 이민자들로 형성되었으나 이민온 각 민족은 자기 모국의 고유 전통문화를 가지고 상호협조하면서 잘 살아보자는 Salad Bowl 정신이 우리나라에서는 옛날부터 있었다. 조각보는 잘못 보면 누더기 같은데 조화롭게 되면 아름다운 조각보가 된다고 할 수 있다. 비빔밥도 각종 재료들을 잘못 비비면 그냥 잡탕밥이 돼버린다. 조화로운 아름다움, 원형을 유지하면서 조화롭게 공존하는 미덕! 이게 우리 문화의 핵심 키워드 중 하나이다. 그래서 한국문화의 특징이 단순하지 않다. 굉장히 다양하다고 강조하는 것이다.

한류에 대해서도 "앞으로 가능성이 크다!"라고 말하는 이유도 우리 문화가 이렇게 개방적이고, 다양성을 추구하기 때문이다. 우리 문화가 한류라는 이름으로 외국에 나갔을 때 정말 한국의 토착적인 것뿐만 아니라 현지의 토착문화와 융화되고 나아가 세계적인 보편성까지 담아낸다면 오감만족의 새로움을 제공할 것이라 확신하기 때문이다.

마지막으로, 한류로드를 통해서 우리 문화가 세계로 전파될 때, 세계인과 '더불어 함께' 살아온 평화를 사랑하는 우리 한국인의 선한 품성까지 함께 전해졌으면 하는 마음이 간절하다. 아울러 한류로드를 통해 세계 여러 나라의 다양한 문화를 오픈마인드를 갖고 수용하는 것도 중요하다. 문화의 쌍방교류를 통하여 상호간의 문화를 더욱 발전시키고, 삶의 질을 제고시킬 수 있을 것이다.

인용 및 참고 문헌

한류 북한을 흔든다(강동안, 박정란) 늘픔플라스, 2011.

한류 통일의 바람(강동안, 박정란) 명인문화사, 2012.

한류 이야기, 한류의 근원에서 미래까지(강철근) 이해 2006.

세계는 지금 대한민국 스타일(강성환) 외교통상부 대변인실 2013.

매일 경제 신문편, 한류본색 매일 경제 신문사, 2012.

세계각국편람(외교 통상부) 외교통상부, 2013.

지구촌 한류현황 I (유현석) 한국 국제 교류재단, 2013.

지구촌 한류현황 II (유현석) 한국 국제 교류재단, 2013.

나의 문화유산 답사기I(유홍준) 창작과 비평사, 1977.

북한의 문화유산(이광표) 대교출판사, 1998.

한국 문화재 수난사(이문열) 돌베개, 1996.

태권도 품세란 무엇인가?(이규형) 오성출판사, 2010.

문화 유산을 찾아서(이형권) 매일 경제신문사, 1997.

북한의 한류현상과 독일 통일과정에서의 방송매체의 영향, 2012(진행남)
제주평화 연구원, 2011.

미국인은 배꼽아래가 길다(차종환) 우석출판사, 1997.

지켜야 할 문화 배워야 할 문화(차종환) 동양서적, 1998.

한국부자 미국부자(차종환) 사사연, 2003.

동서양 생활문화(차종환) 동양서적, 2007.

자랑스런 우리문화(차종환) 대원, 2006.

미꾸라지 진짜 용된 나라 (차피득) 대한민국 바른마음 갖기회, 2012.

유네스코가 보호하는 우리문화유산 열두 가지(최준식 외) 시공사, 2002.

한류로드(최광식) 나남, 2013.

Travel Guide Korea 한국 관광 공사, 2014.

한류와 아시아류 2013. / 한류, 아시아를 넘어 세계로 2009.

한류 문화와 동북아 공동체 2010. / 한류 포에버 2010.

한류와 21세기 문화비전 2006.

차종환(車鍾煥) (Cha, Jong Whan)

【학력】
- 서울대학교 사범대학 생물학과 1954-58
- 서울대학교 대학원(석사과정) 1958-60
- 동국대학교 대학원(박사과정) 1962-66
- 이학박사 학위수령(도목생육에 미치는 초생부초의 영향, 동국대) 1966
- UCLA 대학원 Post Doctoral 과정 3년 이수 1975-77
- 농학박사 학위수령(사막식물의 생리생태학적 연구, C.C.U.) 1976
- 교육학박사 학위수령(한미교육제도 비교 연구, P.W.U.) 1986

【경력】
- 서울대 사대부속 중고교 교사 1959-67
- 사대, 고대, 단대, 건대, 강원대, 이대강사 1965-70
- 동국대 농림대 및 사대교수 1965-76
- BYU(H.C.) 초빙교수 및 학생 1970
- Bateson 원예 대학장 1971-72
- UCLA 객원교수 1971-74
- 해직교수(동국대) 1976
- 한미 교육연구원 원장 1976-
- UCLA 연구교수 1977-92
- 남가주 한인회 부회장 1979-80
- 남가주 서울사대 동창 회장 1979-80
- 남가주 호남향우회 초대, 2대 회장 1980-82
- 남가주 서울대 대학원 동창 회장 1980-83
- 한미 교육연합 회장 1971-1972
- L.A 한우회 2대 회장 1983-1984
- 평통 자문 위원(2기-14기) 1983-2005(12기 제외)
- 한미 농생물 협회장 1983-99
- 차류 종친회 미주 본부장 1984-1990
- 남가주 한인 장학 재단 이사장 1984-86

- 남가주 서울대 총동창 회장 1985-86
- 남가주 BYU 동창 회장 1985
- 한인 공제회 이사장 1985-91
- 남가주 서울대 총동창회 고문 1986 -
- 국민 화합 해외동포 협의회 명예회장 1990 -
- 미주 이중국적 추진위원회 위원장 1993
- 평화문제연구소(한국)객원 연구위원 및 미주 후원회장 1994 -
- 우리 민족 서로 돕기 운동 공동 의장 1997 -
- 한국 인권문제 연구소 L.A 지부 고문 1998 -
- 민주 평통 L.A 지역협의회 고문 및 전문위원 1999 -
- 재외 동포 지위 향상 추진위원회 고문 1999 -
- 한반도 통일 연구회 부회장 및 미주 본부장 1998 -
- 한국 인권 문제 연구소 중앙 부이사장 및 수석 부회장 2000-2002
- 재외 동포법 개정 추진 위원회 공동대표(L.A 및 한미) 2001 -
- 한국 인권문제연구소 L.A지회 회장 2002-2004
- 한미인권문제연구소 명예 회장(L.A) 2004-2007
- 한미 인권 연구소 중앙 이사장 2005-2007
- 재미동포 권익향상 위원회 공동대표 2004 -
- 미주 한인 재단 회장 서리 및 이사장 2004-2006
- 한미 평화 협의회 회장 2005-2007
- 해직 교수에서 30년만에 명예 회복 2006.6.21
- 피오 피코 코리아타운 도서관 후원회 이사장 2006-2007
- 6 · 15 미주 공동위 공동 대표 2007
- 한인 동포 장학재단 이사장 2006-2007
- 민화협(미서부) 상임고문 2007
- 한미 인권 연구소(중앙) 소장 2007-2009
- 공명선거 협의회 공동 대표(한국) 2007 -
- 민주평통 L.A 지역협의회장 2007.7.1-2009.6.30
- 한미 허브 연구소 발기인 대표 2011.4.21
- 우리 영토 수호 회복 연구회 명예 회장 2011.9
- 세계 한인 민주회의 상임고문 2011
- 독도 아카데미(독도 수호 국제 연대) 정책기획 자문위원 2013
- 개헌촉구 미주본부 본부장 2016.7.8

【수상 및 명예】
- Who's Who in California 16판(86)부터 계속 수록
- 교육 공로상 수령(제1회 한인회 주체) 1987
- 우수 시민 봉사단 수령(L.A시 인간관계 위원회) 1987
- 퀴바시에 북미주 한국인 지도자상 1993
- L.A시 우수시민 봉사자상(L.A시 의회) 1994
- 국무총리 표창장(대한민국) 1995
- 대통령 표창장(대한민국) 2001
- 에세이 문학 완료 추천 문단 등단 2003년 가을
- 대통령 훈장(국민훈장 목련장) 2005.12
- 대통령 공로상 2009.6
- 한국 기록원 : 최다 학술논문과 최다 저서분야에 인증됨 2013.7
  (한국 국회에서)
- 제1회 자랑스런 호남인상. 전남 도지사 이낙연외
  세계 호남향우회 24개 단체 2015
- 감사패 새정치 민주 연합당 대표 문재인 2015
- 한반도 평화메달, 대한민국 평화통일 국민 문화제, 우리민족 교류 협회
  2016
- 감사패, 공로패, 위촉패, 추대장 등 147

【이름이 새겨진 기념물】
- 리버사이드 도산 안 창호 동상
- LA 한인 타운 다울정
- LA 한국교육원 건물

■ 저서 목록(공저, 편저, 감수포함)

【한글 저서】
1 高入生物 / 조문각, 1964
2 高入生物 / 성문사, 1967
3 생물 실험 실습 / 유림각, 1968
4 土壤과 植物 / 수학사, 1968

5 지혜의 말씀 / 교회출판부, 1968

6 植物生態學 / 문운당, 1969

7 自然科學槪論 / 단국대학 출판부, 1970

8 一般生物學 / 진수당, 1968

9 한국어 교본 BYE-HI / LTM, 1971

10 農林氣象學 / 선진문화사, 1973

11 토양 보존과 관리 / 원예사, 1974

12 農生物統計學 / 선진문화사, 1974

13 복숭아 재배 새기술 / 원예사, 1974

14 最新植物生理學 / 선진문화사, 1974

15 韓國의 氣候와 植生 / 서문당, 1975

16 環境오염과 植物 / 전파과학사, 1975

17 放射線과 農業 / 전파과학사, 1975

18 最新植物生態學 / 일신사, 1975

19 生物生理生態學 실험법 / 일신사, 1975

20 테라리움 / 원예사, 1975

21 미국 시민권을 얻으려면 / 선진문화사, 1978

22 現代一般 生物實驗 / 한서출판, 1982

23 미국의 교육제도 / 미디어 다이너믹스, 1985

24 미국의 명문 고교와 명문대학 / 한미교육연구원, 1985

25 이민 자녀 교육 / 학원사, 1986

【번역서】

26 침묵의 봄(Ⅰ) / 세종출판사, 1975

27 침묵의 봄(Ⅱ) / 세종출판사, 1975

【영어전서】

28 Radioecology and Ecophysiology of Desert Plant at Nevada Test Site
 / U.S.A.E.C. 1972

29 Iron Deficiency in Plants / S.S & P.A. 1976

30 Phytotoxicity of Heavy Metals in Plants / S.S. & P.A. 1976

31 Trace Element Excesses in Plant / J.R.N. 1980

32 Nevada Desert Ecology / BYU. 1980

33 Soil Drain / Williams & Wilkins, 1986

34 Interaction of Limiting Factors in Crop Production / Macel Derkker, 1990

【한국어 저서 속】

35 미국 유학 / 우석출판사, 1987

36 올바른 자녀교육 / 바울서신사, 1987

37 차돌이 교육 방랑기 / 우석출판사, 1987

38 미국 대학 완벽 가이드 / 학원사, 1988

39 10대 자녀문제 / 학원사, 1988

40 청소년 그들은 누구인가 / 바울서신사, 1988

41 미주교포들의 통일의식 구조 / L.A 평통, 1988

42 미국교육의 길잡이 / 바울서신사, 1988

43 동 · 서양의 꽃꽂이와 테라리움 / 바울서신사, 1990

44 꿈나무들을 위한 성교육 / 바울서신사, 1990

45 미국의 명문 고등학교 / 우석출판사, 1989

46 미국의 명문 대학 / 우석출판사, 1990

47 미국의 명문 대학원 / 우석출판사, 1990

48 성공적인 자녀교육의 비결 / 바울서신사, 1990

49 미국의 명문고교 입학 유학 최신정보 / 학원사, 1990

50 일하며 생각하며 / 바울서신사, 1990

51 미국 속의 한국인(공저) / 유림문화사, 1991

52 갈등 그리고 화해 / 국민화합해외동포협의회, 1990

53 미주 동포들이 보는 조국 / 평화문제 연구소, 1992

54 백두산, 장백산, 그리고 금강산 / 선진문화사, 1992

55 지역 갈등과 화해 / 한미교육연구원, 1993

56 반미감정과 태평양시대 / 한미교육연구원, 1993

57 조국을 빛낸 사람들과 미국대학 입시제도 / 한미교육연구원, 1993

58 미국생활 가이드(공저) / 중앙일보, 1993

59 이중국적 / 한미교육연구원, 1993

60 한반도 통일문제 / 한미교육연구원, 1994

61 마음은 독수리처럼 날개쳐 올라가고 / 바울서신사, 1994

62 동서양의 길목에서 / 바울서신사, 1994

63 남북이 잊은 사람들 / 바울서신사, 1994

162 구월산, 장수산 식물생태 / 예문당, 2004

163 청소년을 위한 통일 이야기 / 예가, 2004

164 신세대를 위한 통일 이야기 / 예가, 2004

165 사진으로 본 미주 한인 100년사 / 박영사, 2004

166 꿈나무와 교육정보 / 한미교육연구원, 2004

167 조선향토 대백과(제1권) 평양시 감수
／ 평화문제연구소 및 조선과학백과사전 출판사, 2003

168 조선향토 대백과(제2권) 남포, 개성, 나선시 감수
／ 평화문제연구소 및 조선과학백과사전 출판사, 2004

169 조선향토 대백과(제3권) 평안남도 I 감수
／ 평화문제연구소 및 조선과학백과사전 출판사, 2004

170 조선향토 대백과(제4권) 평안남도 II 감수
／ 평화문제연구소 및 조선과학백과사전 출판사, 2004

171 조선향토 대백과(제5권) 평안북도 I 감수
／ 평화문제연구소 및 조선과학백과사전 출판사, 2004

172 조선향토 대백과(제6권) 평안북도 II 감수
／ 평화문제연구소 및 조선과학백과사전 출판사, 2004

173 조선향토 대백과(제7권) 자강도 감수
／ 평화문제연구소 및 조선과학백과사전 출판사, 2004

174 조선향토 대백과(제8권) 황해남도 I 감수
／ 평화문제연구소 및 조선과학백과사전 출판사, 2004

175 조선향토 대백과(제9권) 황해남도 II 감수
／ 평화문제연구소 및 조선과학백과사전 출판사, 2004

176 조선향토 대백과(제10권) 황해북도 감수
／ 평화문제연구소 및 조선과학백과사전 출판사, 2004

177 조선향토 대백과(제11권) 강원도 감수
／ 평화문제연구소 및 조선과학백과사전 출판사, 2004

178 조선향토 대백과(제12권) 함경남도 I 감수
／ 평화문제연구소 및 조선과학백과사전 출판사, 2003

179 조선향토 대백과(제13권) 함경남도 I 감수
／ 평화문제연구소 및 조선과학백과사전 출판사, 2003

180 조선향토 대백과(제14권) 함경북도 I 감수
／ 평화문제연구소 및 조선과학백과사전 출판사, 2003

181 조선향토 대백과 (제15권) 함경북도 II 감수
    / 평화문제연구소 및 조선과학백과사전 출판사, 2003
182 조선향토 대백과(제16권) 량강도 감수
    / 평화문제연구소 및 조선과학백과사전 출판사, 2004
183 재외동포들의 권익을 위한 법률 / 한미인권연구소, 2005
184 북한의 현실과 변화 / 나산출판사, 2005
185 남북분단과 통일 및 국가안보 / 나산출판사, 2005
186 남북통일과 평화교육 / 나산출판사, 2005
187 21세기를 맞는 오늘의 북한 / 양동출판사, 2005
188 조선향토 대백과 (제17권) 인물 / 평화문제연구, 2005
189 조선향토 대백과(제18권) 민속 / 평화문제연구, 2005
190 조선향토 대백과(제19권) 색인(가가거리 - 새지골) / 평화문제연구, 2005
191 조선향토 대백과(제20권) 색인(새지네골 - 힘샌골) / 평화문제연구, 2005
192 미주 동포들의 인권 및 민권운동 / 나산 출판사, 2005
193 남북한 사회와 통일이야기 / LA 민주 평통, 2005
194 수재들과 교육 공로자 / 한미교육연구원, 2005
195 어린이 통일 교육 이야기 / 나산 출판사, 2006
196 청소년 통일 교육이야기 / 나산 출판사, 2006
197 미주의 한인들 / 대원출판사, 2006
198 최신 피부 미용요법 / 나산 출판사, 2006
199 최신 육체 미용요법 / 나산 출판사, 2006
200 대마도는 한국 땅 / 동양서적, 2006
201 겨레의 섬 독도 / 해조음, 2006
202 한국령 독도 / 해조음, 2006
203 한미관계 170년사 / 동양서적, 2006
204 나라 밖에서 나라 찾았네 / 감수, 박영사, 2006
205 꿈나무 및 교육 공로자와 자녀 교육정보 / 한미교육연구원, 2006
206 멕시코의 명소와 명문 대학 / 나산 출판사, 2006
207 가나다 ABC / 감수 KSL Institute, 2007
208 동서양 생활 문화 무엇이 다른가 / 동양서적, 2007
209 얼룩진 현대사와 민주 및 통일 운동(상) / 한미인권 연구소, 2007
210 얼룩진 현대사와 민주 및 통일 운동(하) / 한미인권 연구소, 2007
211 선구자 김호의 삶과 꿈 / 한미인권 연구소, 2007

세계 각국 문화와 한류열풍

1판 1쇄 인쇄 2016년 9월 1일
1판 1쇄 발행 2016년 9월 5일

엮은이 차종환
펴낸이 윤다시
펴낸곳 도서출판 예가

주 소 서울시 영등포구 영신로 45길 2
전 화 02-2633-5462
팩 스 02-2633-5463
이메일 yegabook@hanmail.net
블로그 http://blog.daum.net / yegabook
등록번호 제 8-216호

ISBN 978-89-7567-583-6 13710

※ 정가는 표지 뒷면에 있습니다.